大学法语英法对照通关教程

COURS DE FRANÇAIS RÉUSSITE EN COMPARAISON ANGLAIS-FRANÇAIS

主　编：吴　卉
副主编：程阿丹

华中科技大学出版社
http://press.hust.edu.cn
中国·武汉

图书在版编目(CIP)数据

大学法语英法对照通关教程/吴卉主编. —武汉：华中科技大学出版社，2022.12
ISBN 978-7-5680-7369-1

Ⅰ.①大… Ⅱ.①吴… Ⅲ.①法语－高等学校－教材 Ⅳ.①H329.39

中国版本图书馆CIP数据核字(2022)第238229号

大学法语英法对照通关教程
Daxue Fayu Yingfa Duizhao Tongguan Jiaocheng

吴卉　主编

策划编辑：	刘　平
责任编辑：	刘　平
封面设计：	廖亚萍
责任校对：	张汇娟
责任监印：	周治超

出版发行：华中科技大学出版社（中国•武汉）　　电话：（027）81321913
　　　　　武汉市东湖新技术开发区华工科技园　　　邮编：430223

录　　排：孙雅丽
印　　刷：武汉市洪林印务有限公司
开　　本：787mm×1092mm　1/16
印　　张：13.25
字　　数：291千字
版　　次：2022年12月第1版第1次印刷
定　　价：48.00元

本书若有印装质量问题，请向出版社营销中心调换
全国免费服务热线：400-6679-118　竭诚为您服务
版权所有　侵权必究

前　言

法国是世界上最浪漫的国家，法语是世界上最优美的语言。法语语调柔和悦耳，常常被认为是最适合谈情说爱的语言。法语词义精确，语法结构严谨，所以在国际事务和外交法律文本中也常常使用法语。联合国将英语定为第一发言语言，而法语为第一书写语言。

法语的使用范围很广泛，除法国、瑞士、比利时、卢森堡、加拿大等西方发达国家把法语作为官方语言之外，还因为历史和战争原因，许多非洲、亚洲和中东国家都将法语作为官方语言。除此之外，法语还是联合国、欧盟、国际奥委会、国际红十字会等许多国际组织的正式官方语言。全球讲法语的人数超过 3 亿。可以说，除英语之外，法语是世界上使用最广泛的语言之一。

法国历史文化悠久，其美食、服饰、化妆品等令人向往。无论国际形势如何变化，中法两国的关系始终保持友好。两国之间的合作、交流、投资等活动日益增长，在军事、文化、商务等方面的联系也越发紧密。

二外是英语本科专业的必修课之一。从实用性、趣味性、重要性等方面来看，法语是最佳选择。

法语二外课程一般有 240 学时，分四个学期完成。大部分高校的外国语学院在大二下学期开始开设二外课程。具体为：大二下学期开设二外 I（必修 56 学时）、大三上学期开设二外 II（必修 64 学时）、大三下学期开设二外 III（必修 64 学时）、大四上学期开设二外 IV（选修 56 学时）。一般是每周两次二外课程，每次 2 个学时，每学期持续 14～16 周。

前三学期的必修课主要帮助学生掌握良好的语言学习方法，使学生学到法语基础知识，具备一定的阅读能力，一定的听和译的能力，初步的写和说的能力；使他们能以法语为工具，获取专业所需信息，并为今后进一步提高法语打下良好的基础。第四学期为选修课，给有更高要求的学生提供机会，帮助他们提高文化素养，培养法语运用能力。

法语二外课程使用的教材，市面上比较流行的有《新公共法语》《简明法语教程》《新大学法语》等。武汉纺织大学外国语学院经过多年探索，编写出一套与其搭配的创新教材，即《大学法语英法对照通关教程》（COURS DE FRANÇAIS RÉUSSITE EN COMPARAISON ANGLAIS-FRANÇAIS）。

编写此教材的初衷是希望法语二外的学生可以在有限的课时内，用最短的时间、最高的效率来学好法语，帮助他们备考大学法语四级，并为有更高要求或有出国意愿的学生提供第四学期法语选修课来提高水平。更重要的是，使学生未来踏上社会，有朝一日要用法语之时，随时可以借助工具书重拾法语技能，并具有自学及深造的潜力。

本教材分为三个部分。因法语是规则发音，所以第一部分从语音入手，全面详细讲解发音规则及语音知识，配合单词、句子、对话、课文等来训练发音技巧。语音结束后，学生应能自由朗读法语单词、句子而不必借助词典，这是本章应达到的目标。

第二部分为语法。将常见教材中出现的语法现象集中到此处讲解和练习。打破常规的每课学习一点语法的模式，变为归纳总结。因为一个语法点，可以出现在多篇课文中，没有绝对与某篇课文对应的语法。语法是整个语言的，集中在一起可以形成系统，方便理解。

第三部分为语法总结表。用表格的形式总结不规则动词变位及时态等，一目了然，便于学生全面了解和记忆。

本教材针对英语专业学生的专业性和法语课时量有限的局限性来设计。英语专业的学生英语基础好，功底扎实，而法语和英语之间有千丝万缕的联系，属于近亲关系，所以本教材很多地方添加了英语解释，尝试利用英法语言的迁移作用，更好地助力法语学习。二外法语的课时量有限是一个痛点，好在现在学生的学习能力、学习效率不可估量。语言学习的功夫主要还是下在课后的复习和自学上，这也是大学与中小学的区别之所在。编者经过十余年的潜心研究和实践编成本教材，若能起到帮助学生课后自学和总结归纳的作用，努力就没有白费。

学习法语，无论从知识储备、发展方向、就业前景、职业竞争力，还是从个人兴趣爱好、生活品质、情趣格调等来看，好处众多，其优点无须赘述。有志者，事竟成。让我们携手共同开启法语学习的美好篇章！

本教程由武汉纺织大学外国语学院吴卉老师担任主编（负责编写约19.7万字），武汉工程大学外语学院程阿丹老师担任副主编（负责编写约10.3万字）。全书最后由吴卉老师统稿并审定。限于编者学识，书中难免存在错漏之处，敬请读者批评指正。

目 录

1. 语音部分 ·· 1
   1.1 语音规则 ·· 3
      1.1.1 字母表 ·· 3
      1.1.2 音符 ·· 3
      1.1.3 音素 ·· 4
      1.1.4 语音知识 ··· 6
      1.1.5 发音规则 ··· 10
      1.1.6 综合练习 ··· 52

   1.2 语音课文 ·· 57
      1.2.1 LEÇON 1 [ləsɔ̃-œ̃] ·· 57
      1.2.2 LEÇON 2 [ləsɔ̃-dø] ·· 60
      1.2.3 LEÇON 3 [ləsɔ̃-trwa] ··· 65
      1.2.4 LEÇON 4 [ləsɔ̃-katr] ··· 70
      1.2.5 LEÇON 5 [ləsɔ̃-sɛ̃k] ·· 74
      1.2.6 LEÇON 6 [ləsɔ̃-sis] ··· 78
      1.2.7 LEÇON 7 [ləsɔ̃-sɛt] ··· 82

2. 语法部分 ·· 89
   2.1 初级语法总结 ·· 89
      2.1.1 英、法语比较 ·· 89
      2.1.2 词类 ·· 92
      2.1.3 人称代词 ··· 96

· I ·

2.1.4	名词的性、数	98
2.1.5	形容词的配合	100
2.1.6	限定词	101
2.1.7	性、数搭配	103
2.1.8	大写字母规则	104
2.1.9	动词变位	104
2.1.10	否定式	105
2.1.11	疑问句	106
2.1.12	这是、这些是	108
2.1.13	身份、职业、国籍	108
2.1.14	时间、年龄	109
2.1.15	哪里、哪儿	110
2.1.16	这（儿）是、那（儿）是	111

2.2 中级语法总结 ······ 113

2.2.1	介词 de（la préposition «de»）	113
2.2.2	主语为名词的疑问句（les phrases interrogatives où le sujet est un nom）	114
2.2.3	第二组规则变位动词（Les verbes réguliers du 2e groupe）	115
2.2.4	最近将来时（le futur immédiat）	116
2.2.5	副代词（le pronom adverbial « y »)	116
2.2.6	冠词（l'article）	117
2.2.7	副代词（le pronom adverbial « en »)	119
2.2.8	命令式（l'impératif）	120
2.2.9	及物动词和不及物动词（les verbes transitifs et intransitifs)	121
2.2.10	补语（les compléments）	122
2.2.11	最近过去时（le passé immédiat）	122
2.2.12	直接宾语人称代词（les pronoms personnels compléments d'objet direct)	123
2.2.13	无人称动词（les verbes impersonnels）	123
2.2.14	间接宾语人称代词（les pronoms personnels compléments d'objet indirect）	125

- 2.2.15 代词式动词（les verbes pronominaux） ······ 126
- 2.2.16 过去分词（le participe passé） ······ 129
- 2.2.17 复合过去时（le passé composé） ······ 131
- 2.2.18 名词阴、阳性的识别（l'identification du nom féminin et masculin） 135
- 2.2.19 间接疑问句（les phrases interrogatives indirectes） ······ 138
- 2.2.20 关系代词（les pronoms relatifs） ······ 140
- 2.2.21 直陈式未完成过去时（l'imparfait de l'indicatif） ······ 142
- 2.2.22 简单将来时（le futur simple） ······ 144
- 2.2.23 先将来时（le futur antérieur） ······ 147
- 2.2.24 过去最近过去时（le passé immédiat dans le passé） ······ 148
- 2.2.25 复合句（la phrase complexe） ······ 149
- 2.2.26 形容词和副词的比较级和最高级（le comparatif et le superlatif des adjectifs et des adverbes） ······ 152
- 2.2.27 不定式句（la proposition infinitive） ······ 155
- 2.2.28 简单过去时（le passé simple） ······ 161
- 2.2.29 愈过去时（le plus-que-parfait） ······ 163
- 2.2.30 直接引语和间接引语（le discours direct et le discours indirect） ······ 164
- 2.2.31 主有代词（le pronom possessif） ······ 166

- 2.3 高级语法总结 ······ 168
  - 2.3.1 现在分词与副动词（le participe présent et le gérondif） ······ 168
  - 2.3.2 直陈式先过去时（le passé antérieur de l'indicatif） ······ 170
  - 2.3.3 虚拟式（le subjonctif） ······ 171

3. 语法总结表 ······ 185
- 3.1 不规则动词变位表 ······ 187
- 3.2 时态对比汇总表 ······ 191

1.

语音部分

1.1 语音规则

1.1.1 字母表

(ALPHABET FRANÇAIS)

[alfabɛ-frɑ̃sɛ]

A	a	[a]	B	b	[be]
C	c	[se]	D	d	[de]
E	e	[ə]	F	f	[ɛf]
G	g	[ʒe]	H	h	[aʃ]
I	i	[i]	J	j	[ʒi]
K	k	[kɑ]	L	l	[ɛl]
M	m	[ɛm]	N	n	[ɛn]
O	o	[o]	P	p	[pe]
Q	q	[ky]	R	r	[ɛ:r]
S	s	[ɛs]	T	t	[te]
U	u	[y]	V	v	[ve]
W	w	[dubləve]	X	x	[iks]
Y	y	[igrɛk]	Z	z	[zɛd]

法语与英语一样，共有 26 个字母，其中 a、e、i、o、u、y 是元音字母，其他字母是辅音字母。与英语不同的是，法语的字母会出现特殊音符，这也是英、法语区分的标志。

1.1.2 音符

法语有五种音符，其中四种只出现在元音字母上面。

闭音符 (accent aigu) [aksɑ̃-egy] 是最常见的音符，类似汉语拼音的第二声，只出现在字母 e 上面，如：téléphoner [telefɔne]，écrire [ekrir]。加了闭音符的 e 只发 [e]。

开音符 (accent grave) [aksɑ̃-grav] 类似汉语拼音的第四声，出现在字母 a、e、u 上面，如：là [la], mère [mɛr], achète [aʃɛt], où [u]。加了开音符的 a、u 发音不变，但加了开音符的 e 只发 [ɛ]。开音符可以区分一些单词的意思，如：a（动词 avoir [avwar] 的变位）和 à（介词）； la（冠词）和 là（副词），均发 [la]；ou（连词）和 où（疑问副词），均发 [u]。

长音符 (accent circonflexe) [aksɑ̃-sirkɔ̃flɛks] 类似倒过来的汉语拼音第三声，出现在除 y 以外的其他元音字母上面，如：âge [aʒ], être [ɛtr], connaître [kɔnɛtr], pôle [pol], sûr [syr]。长音符不代表发音较长，只是区别普通字母的标志。加了长音符的 e 只发 [ɛ]，其他字母发音不变。

分音符 (tréma) [trema] 类似汉语拼音的 ü 上两点，用于分开相连的两个元音字母，表示它们分别发音，如：naïf [naif]，Noël [nɔɛl]。上面的例词如果没有加分音符，要发 [nɛf] 和 [nœl]。

另外，还有一种书写符号出现在字母 c 的下方，称为软音符 (cédille) [sedij]。软音符像个小尾巴，发挥软化发音的作用。字母 c 一般发 [k]，如：cacao [kakao]，coco [kɔko]；加了软音符之后其发音软化为 [s]，如：français [frɑ̃sɛ]，garçon [garsɔ̃]。

法语音符如下表。

字母	音符				
	闭音符 accent aigu	开音符 accent grave	长音符 accent circonflexe	分音符 tréma	软音符 cédille
a		à 例：là（那里）	â 例：gâteau（甜点）		
e	é 例：été（夏天）	è 例：mère（母亲）	ê 例：tête（脑袋）	ë 例：Noël（圣诞节）	
i			î 例：île（岛屿）	ï 例：maïs（玉米）	
o			ô 例：tôt（早）		
u		ù 例：où（那里、哪里）	û 例：sûr（确信）	ü 例：würm（武木冰期）	
c					ç 例：ça（这个）

1.1.3 音素

音素是最小的语音单位，用国际音标标注，音标写在方括号内，每一个音标代表一个音素。法语音素的读音特点：肌肉紧张，发音有力，不拖音，开口度大小分明；读音不能软弱无力，含糊不清。

音素与字母是两个不同的概念。前者属于语音的范畴，而后者则属于书面文字的范畴。同一个音素可以对应不同的字母拼写方式，如：[ɛ] 可以是字母 e，也可以是字母组合 ai 或 ei 等来发这个音。同时，同一个字母在不同情况下又可以有不同的发音，如：字母 e 在不同情况下，可以发 [e] [ɛ] [ə] [a] 或者不发音。字母与发音之间有一定的规律可循，所以法语属于发音比较规则的语种。虽然如此，但依然有相当多的例外情况需要单独记忆，这些例外或是外来词，或是特殊拼写，或是为了美化发音而刻意做的改变等。

音素分为元音音素、辅音音素和半元音音素（法语特有），后面简称"元音""辅音"和"半元音"。

元音 (voyelle) [vwajɛl]：发音时声带振动，且气流不受其他发音器官阻碍。
辅音 (consonne)[kɔ̃sɔn]：发音时气流受到发音器官部分或完全阻碍。
半元音 (semi-voyelle)[səmi-vwajɛl]：介于元音和辅音之间的发音。

法语音素共有 35 个，其中 15 个元音，17 个辅音，3 个半元音。

元音因其发音时气流不受其他发音器官的阻碍，故发出的音清晰、响亮、悦耳，如：[a] [i]。按照发音方法，法语的元音分为口腔元音和鼻化元音，口腔元音又分为圆唇元音和非圆唇元音、前元音、中元音和后元音。法语元音中的鼻化元音有 4 个，即 [ɛ̃] [œ̃] [ɑ̃] [ɔ̃]，特点是发音时气流同时从口腔和鼻腔里通过。

辅音发音时气流受到阻碍，不同的辅音是借助唇、齿、舌、小舌、腭等发音器官在气流通过时制造阻碍来实现的，故发出的音比较浑浊，如：[b] [f]。

半元音通常是由于一个元音字母后面还有其他元音，使得前面的元音在发音时带有一些辅音的特点，所发出的半元音显得短促、紧张、有弹性。

法语音素如下表。

元音音素表				
口腔张开度	前元音	中元音	后元音	鼻化元音
闭	i	y	u	
半闭	e	ø	o	ɔ̃
半开	ɛ	œ、ə	ɔ	ɛ̃、œ̃
开	a			ɑ̃

辅音音素表										
发音方法 \ 发音点			双唇音		唇齿音		舌前音 清浊		舌中音	舌后音		小舌音
			清	浊	清	浊	清	浊		清	浊	
塞音	噪音		p	b			t	d		k	g	
	鼻响音			m				n			ŋ	
擦音	噪音				f	v	s ʃ	z ʒ				
	响音	中流音			w ɥ				j			r
		边流音						l				
颤音	响音											r

15个元音可分为四组：

[i] [e] [ɛ] [a]　　[u] [o] [ɔ]　　[y] [ø] [ə] [œ]　　[ɛ̃] [œ̃] [ɑ̃] [ɔ̃]

前三组是按发音开口度大小排列，第四组 [ɛ̃] [œ̃] [ɑ̃] [ɔ̃] 是鼻化元音。在法语中，上方带有波浪号的就是鼻化元音，发音时气流同时从口腔和鼻腔通过。现代法语越来越追求简洁方便，而鼻化元音中的 [œ̃] 因为发音较难，逐渐被 [ɛ̃] 所取代，以后可以全部发 [ɛ̃]。

17个辅音可分为三组：

[p] [b] [t] [d] [k] [g] [f] [v] [s] [z] [ʃ] [ʒ]　　[l] [m] [n]　　[ɲ] [r]

辅音可分为清辅音和浊辅音。发音时，声带不振动的叫"清辅音"，如：[p] [t] [k] [f] [s] [ʃ]；声带振动的叫"浊辅音"，如：[b] [d] [g] [v] [z] [ʒ] 等。相对应的清、浊辅音有六组：[p] [b]　[t] [d]　[k] [g]　[f] [v]　[s] [z]　[ʃ] [ʒ]。每组相对应的清、浊辅音，它们的发音口型相同，只有声带振动的区别。

[l] [m] [n] 这一组是从边音到鼻音的过度。

第三组中的 [ɲ] 要发鼻音，发音有过渡，比较特殊。最后一个 [r] 是法语中最特殊的小舌音，发音时小舌要颤动，需要花时间练习才能将此音发好。

两个辅音结合在一起，发音时快速、短促、紧凑，这样的组合称之为辅音群。辅音群不可分割，一般是清浊辅音中的一个与 [l] 或 [r] 组合在一起形成辅音群。如：

[pl] [bl] [kl] [gl] [fl]

[pr] [br] [kr] [gr] [fr] [vr] [tr] [dr]

例词：plume [plym] double [dubl] classe [klas] sigle [sigl] fleur [flœr]

　　　　prume [prym] libre [libr] cravate [kravat] grave [grav] livre [livr] drame [dram]

3个半元音为一组：

[ɥ] [w] [j]

半元音介于元音和辅音之间，所以又称半辅音。它们既不像元音那么实，也不像辅音那么虚，发音时短促、紧张、有弹性，并且像弹簧一样拉扯前后，使前后的发音浑然一体，一气呵成。每一个半元音都有一个相对应的元音作为基准音，如：[ɥ] 对应 [y]；[w] 对应 [u]；[j] 对应 [i]。在相对应的元音的基础上，按半元音的发音规则发音会更加自然、动听，如：hier [jɛr] 就比 [iɛr] 更好听。

为什么会有半元音存在呢？因为在法语中，基本不存在两个元音连读的情况（除特殊字符和个别例外）。如果出现此类情况，就需要变第一个元音为半元音，以便联结第二个元音，使其发音更自然连贯，否则两个元音连发，会比较僵硬。这就是半元音存在的意义。

1.1.4　语音知识

1.1.4.1　音节

法语单词由音节构成，音节的核心是元音，一般来说，一个单词有几个元音音素也就有几个音节，如：il [il] 有一个音节，repas [rə-pa] 有两个音节。需要注意的是，划分音节是以音标为依据的，也就是说一些单词中的元音字母虽然写在那里，但是不发音，不应该作为音节来对待。如：法语词尾的元音字母 e 通常不发音，以 machine [ma-ʃin] 为例，虽然词末有一个元音字母 e，但是由于它不发音，所以不能按照一个音节来计算。

1.1.4.2 音节的划分

两个元音相连时，音节从它们中间分开，如：thé-â-tre [te-a-tr]。

两个元音之间的单辅音属于下一个音节，如：aimer [ɛ-me]。

两个相连的辅音分属前后两个音节，如：respecte [rɛs-pɛkt] 中的 -sp- 分别属于前一个和后一个音节。词末的 -ct-，由于词末字母 e 不发音，所以这两个辅音同属于一个音节。

三个辅音相连时，前两个辅音属于前一个音节，第三个则属于下一个音节，如：abstenir [abs-tə-nir]。

辅音群按照一个辅音单位来计算，属于后面的音节，不论其前后是否有元音，都不可以拆开来读，要归到同一个音节中，如：tableau [ta-blo]。

1.1.4.3 开音节/闭音节

以元音音素结尾的音节称为开音节，如 bateau [ba-to]，其中的两个音节均为开音节；以辅音音素结尾的音节称为闭音节，如 respecte [rɛs-pɛkt]，其中的两个音节均为闭音节。

多音节词中，第一个音节是元音音素结尾的叫词首开音节；反之，第一个音节为辅音音素结尾的叫词首闭音节。

1.1.4.4 音节移行

书写时，经常一个词未写完便须移行。在此种情况下，单词的拆分不可随意，须保持音节的完整性，上一行行末须加连字符 "-"(trait-union) [trɛ-tynjɔ̃]。

一般在元音后分开，如：ta-bleau [ta-blo], organi-sation [organi-zasjɔ̃]；相连的两个辅音字母之间分开，如 ser-vice [sɛr-vis]，但辅音群不能分开，如：théâ-tre [tea-tr], mel-tre [mɛl-tr], ta-bleau [ta-blo]。

1.1.4.5 发音变化

A. 词末的发音变化

法语中，元音字母在词尾一般都要发音，只有元音字母 e 在词末不发音，如：bette [bɛt]。

辅音字母大多数在词末不发音，如：mais [mɛ], tard [tar]。但 c [k], f [f], l [l], q [k], r [r] 以及 ct [kt] 组合在词尾必须发音，如：sac [sak], boeuf [bœf], mal [mal], cinq [sɛ̃k], mer [mɛr], direct [dirɛkt]。（但 ect 在词尾发 [ɛ]，如：respect [rɛspɛ]）另外，在外来词或特殊拼法的词中，有些辅音字母在词末也要发音，如：film [film], bus [bys]（外来），fils [fis]（特殊拼法）。

B. 清辅音的发音变化

法语中有六组相对应的清浊辅音，清辅音是 [p] [t] [k] [f] [s] [ʃ]。清辅音发音有气流从口腔爆破而出，如：pipe [pip], date [dat], sac [sak], neuf [nœf], dix [dis], sache [saʃ]。

其中，前三个 [p] [t] [k] 在后面接元音因素的情况下，原有爆破音取消，气流收回，其发音类似 [b] [d] [g]，但又不完全一样。虽然取消爆破音，但清辅音的感觉还在，原有的唇或舌部的摩擦感还要保持，如：pipe [pip]，été[ete]，kaki [kaki]。

1.1.4.6 重音

A. 单词重音

法语单词的重音比较固定，一般只落在单词的最后一个音节上，而重中之重在最后一个音节的元音上。如：chercheur [ʃɛrʃœr]，journaliste [ʒurnalist]。

B. 节奏重音

节奏重音比较固定，一般落在单词或词组的最后一个音节上。通常使用" ' "符号来表示重音，表示后面的音节重读。如：lentement [lãt-'mã]；Notre Dame de Paris [notr-dam-də-pa-'ri]。

C. 强调重音

强调重音的位置是不固定的，通常说话人把强调重音放在自己想引起听话者注意的地方。如：

C'est ma voiture.（这是"我的"汽车，不是别人的。）

C'est ma voiture.（这是我的"汽车"，不是别的东西。）

D. 节奏组重音

法语句子可以按照意义和语法结构划分节奏组。节奏组一般以实词为主体，一切辅助词都和有关实词共同构成节奏组。每个节奏组中只有最后一个音节有重音，即重读音节。如：

Est-ce que / c'est Philippe ?

[ɛs-kə-sɛ-fi-lip]

Oui, / c'est Philippe.

[wi, sɛ-fi-lip]

Qu'est-ce qu'/ il fait ?

[kɛs-kil-fɛ]

Il est journaliste.

[i-lɛ-ʒur-na-list]

在语流中，每个节奏组结束处未必一定要停顿，如果句子很短，意义也比较连贯，应该一气呵成。如：Je vais à la poste [ʒə-vɛ-za-la-pɔst]. 这个句子中就不用停顿。

1.1.4.7 长音

长音只发生在元音上，长音的符号为 [:]。长音通常有两种情况。

A. 节奏长音

在法语单词中，如果最后一个音节以 [r] [v] [z] [ʒ] [j] [vr] 结尾，前面的元音就要读长音。如：professeur [prɔ-fe-sœ:r]；valise [va-li:z]。这种长音受到重音变化的影响。如：

un professeur français [œ̃-prɔ-fe-sœr-frã-sɛ]。在单词中，[œr] 所含元音 [œ] 发长音，但是在词组中，由于这个音节不在词末，所以就失去了长音。

B.历史长音

鼻化元音 [ɛ̃] [œ̃] [ɑ̃] [ɔ̃] 和 [o] [ø] 在词末闭音节中读长音。如：contente [kɔ̃-tã:t]，Elle est contente de vous voir [ɛ-lɛ-kɔ̃-tã:t-də-vu]。

1.1.4.8 字母h

法语字母 h 在单词中不发音，但 h 在词首时有哑音 h (h muet) [myɛ] 和嘘音 h (h aspiré) [aspire] 之分。当词首是哑音 h 时，可以视之为不存在。无论书写还是发音都可以跨过它，前面的词和它之间可以有省音、连读或联诵，如：l'heure [lœr]，nous habitons [nu-za-bi-tɔ̃]。当词首是嘘音 h 时，不能视之为不存在。无论书写还是发音都不能跨过它，前面的词和它之间不可以有省音、连读或联诵，如，le héros [lə-e-ro]，trois héros [trwa-e-ro]。

在词典中，凡是嘘音 h 开头的词条前均标有星号"＊"。

1.1.4.9 省音

少数以元音字母结尾的单音节词，常和下一词的词首元音（包括哑音 h 后面的元音）合读成一个音节，而省去词末的元音字母，这种现象被称为省音，省去的元音字母用撇号"'"（apostroph）[apɔstrɔf] 代替，如：ce + est→c'est [sɛ]。九个以 e 结尾的单音节词 ce [sə]、de [də]、je [ʒə]、le [lə]、me [mə]、ne [nə]、que [kə]、se [sə]、te [tə] 都遵守这一规则。此外，la [la]、si [si]、jusque [ʒysk]、lorsque [lɔrsk]、presque [prɛsk]、puisque [pɥisk] 等词也有省音现象。如：La + étudiante → l'étudiante [letydjãt]；si + il → s'il [sil]；jusque + aujourd'hui → jusqu'aujourd'hui [ʒys-koʒurdɥi]。

注意：

lorsque [lɔrskə], puisque [pɥiskə], quoique [kwakə] 遇到 il [il], elle [ɛl], on [ɔ̃], en [ã], un [œ̃], une [yn] 时要省音。如：Je ne sors pas lorsqu'il pleut [ʒə-nə-sɔr-pa-lɔrskil-plœ]。

quelque [kɛlkə] 只能与 un [œ̃], 或 une [yn] 省音。如：quelqu'un [kɛlkœ̃], quelqu'une [kɛlkyn]。

介词 jusque [ʒyskə] 遇到 à [a], au [o], alors [alɔr], ici [isi], où [u], en [ã] 时也要省音。如：jusqu'à [ʒyska]。

si [si] 只与 il [il] 和 ils [il] 的省音，与 elle [ɛl] 和 on[ɔ̃] 等其他词不省音。

1.1.4.10 缩合

法语语音和拼写中还有一种缩合现象。这种缩合主要出现在介词 à [a] 和 de [də] 与定冠词 le [lə] 和 les [le] 之间，即 à + le = au [o]；à + les = aux [o]；de + le = du [dy]；de + les = des [de]。另外还有 à + lequel = auquel [okɛl]；à + lesquels = auxquels [okɛl]；à + lesquelles = auxquelles [okɛl]；de + lequel = duquel [dykɛl]；de + lesquels = desquels [dekɛl]；de + lesquelles = desquelles [dekɛl]。

这种缩合现象不仅带来拼写上的变化，发音上也不同。需要注意的是，定冠词 le [lə] 和 les [le] 的拼写形式同时也是直宾代词，作直宾代词使用时永远不能与 à [a] 或 de [də] 缩合。所以，这种现象通常叫作缩合冠词，而非缩合代词。

1.1.4.11 联诵

在同一节奏组中，如果前一个词的词末是不发音的辅音字母，而后面的单词以元音字母或哑音 h 开头，这时前一个词的词末原本不发音的辅音字母要发音，并与后一词的词首元音合成一个音节，这种现象称为联诵。如：les États-Unis [le-ze-ta-zy-ni]，其中 [ze] [zy] 是联诵；un homme [œ̃-nɔm]，其中 [nɔ] 是联诵。

联诵时，如果前一个词的词末辅音字母是 f, s 和 x，这些字母会发生浊化现象，f 读作 [v]，s 和 x 读作 [z]。如：neuf ans [nœ-vɑ̃], trois étudiants [trwa-ze-ty-djɑ̃], dix heures [di-zœr]。

形容词 bon [bɔ̃]，还有以 -ain 或 -ein 结尾的词，在联诵时要失去鼻化元音，变成口腔元音。如：un bon usage [œ̃-bɔ-ny-zaʒ], le prochain arrêt [lə-prɔ-ʃɛ-na-rɛ]。但是，不定冠词 un，介词 en 和主有形容词 mon、ton、son 都要保持鼻化元音。如：un ami [œ̃-na-mi], en automne [ɑ̃-no-tɔn], son idée [sɔ̃-ni-de]。

1.1.4.12 连音（连读）

相邻两个词之间如果没有停顿，前一个单词的词尾辅音与后一个单词的词首元音连在一起读，构成一个音节，这种现象称为辅音连音；前一个单词的词尾元音与后一个单词的词首元音连在一起读，称为元音连音。如：Il est grand. [i-lɛ-grɑ̃]，其中 [lɛ] 是辅音连音；Pour aller à l'école. [pu-ra-lea-lekɔl]，其中 [lea] 是元音连音。

如果一个单词的结尾是 r 和另一个不发音的辅音字母，而跟在后面的单词又以一个可以联诵的元音开始，这种情况下连音优先，即前面单词发音的 r 与后面单词词首的元音连音。如：vers elle，应读作 [vɛ-rɛl]，而不读作 [vɛr-zɛl]；fort aimable 应读作 [fɔ-rɛ-mabl]，不读作 [fɔr-tɛ-mabl]。

1.1.5 发音规则

A.元音第一组：口腔前元音 [i] [e] [ɛ] [a]

[i]

发音口形	发音要领
	发 [i] 时，口腔开口度极小，舌尖抵下齿，唇形扁平，嘴角用力向两边拉。与汉语拼音的 i 相似，但口腔部位的肌肉更加紧张。

常见拼写方式	例词
i	il他，si如果，lire读，riz大米
î	île岛屿，dîner晚餐
ï	naïf天真的，maïs玉米，égoïste利己的
y	type种类，style风格，cycle循环

【发音练习】

il[il]　si[si]　lire[lir]　riz[ri]

île[il]　diner[dine]

naïf[naif]　maïs[mais]　égoïste[egoist]

type[tip]　style[stil]　cycle[sikl]

【说明】

a. 法语中发 [i] 音的字母并不多，所以拼读的难度不大。但是字母 i 和 y 经常与其他元音字母组合成其他音素，如：ai、ei、ay、ey、in、im、ain、ein、aim 等。另外，如果 i 或 y 后面紧跟着其他元音，[i] 音会向辅音变化，成为半辅音或半元音，如：hier [jɛr]，yaourt [jaurt]。

b. 在法语通俗口语中，经常出现省音现象，即把 ils 读作 [i]，如：Ils sont là. 读作 [i-sɔ̃-la]。另外，法语口语中的动词短语 il y a 也经常省略为 y a，如：Il y a quelqu'un? 省略为：Y a quelqu'un? 读作 [ja-kɛl-kœ̃]。

[e]

发音口形	发音要领
	发[e]时，舌尖抵下齿，唇型扁平，开口度略大于[i]，嘴角略向两边拉。发音与汉语拼音中的ei相似，但开口度更小，并且口型保持不变（注意：法语音素中的元音都遵循这一特点）。

常见拼写方式	例词
é	ete夏天，désolé抱歉，bébé宝贝
er在词末	aller去，répéter重复，préférer更喜欢（在少数词如hiver [冬天], hier [昨天] 等中读 [ɛr]）
ez在词末	chez在……家里，lisez读，nez鼻子
es在少数单音节词中	les定冠词，des一些，mes我的（但tu es [ty-ɛ])
ed或eds在词末	pied脚，assieds坐下
e在词首的desc-、dess-、ess-和eff-中	descendre下去，dessin绘画 essai试验 [e-se]，effort努力

【发音练习】

été[ete]　désolé[dezɔle]　bébé[bebe]
aller[ale]　répéter[repete]　préférer[prefere]　hiver[ivɛr]　hier[jɛr]
chez[ʃe]　lisez[lize]　nez[ne]
les[le]　des[de]　mes[me]　tu es[ty-ɛ]
pied[pje]　assieds[asje]
descendre[desɑ̃dr]　dessin[desɛ̃]　essai[e-se]　effort[efɔr]

【说明】

a. 动词 avoir 的第一人称单数直陈式现在时的变位 j'ai 按照规则应读作 [ʒɛ]，但 [ɛ] 音有向 [e] 音转变的趋势，故读作 [ʒe]。但是，当它进行主谓倒装时，即 ai-je，其中的 ai 应读作 [ɛ]，这属于特殊发音，ai 绝大多数情况都读作 [ɛ]。

b. 法语的连词 et 是常用词，读作 [e]，属于特殊发音。

[ɛ]

发音口形	发音要领
	发[ɛ]时，舌尖平抵下齿，舌前部略隆起，开口度大于[e]，舌位稍高于[e]。注意保持口型稳定，尤其不要与汉语拼音的 ai 混淆。

常见拼写方式	例词
è	mère母亲，père父亲，frère兄弟
ê	être存在，tête头，bête牲畜
ë	Noël圣诞节，Maëlle梅尔，Israël以色列 (但在aiguë [尖锐的] 中不发音)
e在闭音节中和在相同两个辅音字母前	merci谢谢，sel盐，veste上衣 cassette磁带，adresse地址
ai, aî	aimer爱，faire做，mais但是，maître主人，plaît 使高兴（但 j'ai[ʒe]，gai [ge]）
ei	Seine塞纳河，seize十六
et, êt, ect在词末	paquet包裹，ticket票，forêt森林，aspect方面，respect尊重
ay	tramway有轨电车

【发音练习】

mère[mɛr]　père[pɛr]　frère[frɛr]
être[ɛtr]　tête[tɛt]　bête[bɛt]

Noël[nɔɛl]　Maëlle[maɛl]　Israël[israɛl]　aiguë[egy]
merci[mɛrsi]　sel[sɛl]　veste[vɛst]　cassette[kasɛt]　adresse[adrɛs]
aimer[ɛme]　faire[fɛr]　mais[mɛ]　maître[mɛtr]　plaît[plɛ]　j'ai[ʒe]　gai[ge]
Seine[sɛn]　seize[sɛz]
paquet[pakɛ]　ticket[tikɛ]　forêt[fɔrɛ]　aspect[aspɛ]　respect[rɛspɛ]
tramway[tramwɛ]

【说明】

a. e 字母有不同的发音，有时还不发音，主要取决于这个字母在单词中所在的位置和前后相邻的字母。

b. ai 绝大多数情况都读作 [ɛ]。关于 ai 读作 [e] 的情况，请参考读音 [e] 的说明。

c. est 读作 [ɛ]，是法语动词 être 的直陈式现在时第三人称单数变位形式，是经常使用的一种动词变位。

[a]

发音口形	发音要领
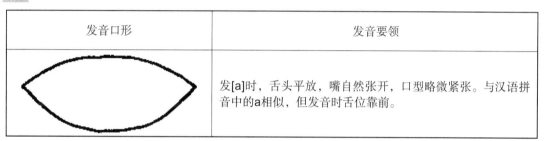	发[a]时，舌头平放，嘴自然张开，口型略微紧张。与汉语拼音中的a相似，但发音时舌位靠前。

常见拼写方式	例词
a	papa爸爸，date日期，ma我的，ami朋友
à	à在，là那里
â	Pâques复活节，pâte面团，gâteau糕点
"e＋mm或nn" 在词中	femme女人，évidemment明显地，solennel庄严的
oi，oî读[wa]	noir黑色，boire喝，moi我，Benoît贝诺特，boîte盒子
oy读[waj]	voyager旅行，foyer炉子，loyer租金

【发音练习】

papa[papa]　date[dat]　ma[ma]　ami[ami]
à[a]　là[la]
Pâques[pak]　pâte[pat]　gâteau[gato]
femme[fam]　évidemment[evidamɑ̃]　solennel[sɔlanɛl]
noir[nwar]　boire[bwar]　moi[mwa]　Benoît[bənwa]　boîte[bwat]

voyager[vwajaʒe]　foyer[fwaje]　loyer[lwaje]

【说明】

单词中不是所有的 a 字母都发 [a]，如果 a 与其他字母组合，则可能是另一种发音。如：palais [pa-lɛ]（宫殿），enfant [ã-fã]（孩子）。

◆ 比较 [i] [e] [ɛ] [a]

lit — les — lait — là
[li]　[le]　[lɛ]　[la]
mi — mes — mais — ma
[mi]　[me]　[mɛ]　[ma]
si — ces — c'est — ça
[si]　[se]　[sɛ]　[sa]
qui — gai — caisse — cadeau
[ki]　[ge]　[kɛs]　[kado]
file — fée — fête — femme
[fil]　[fe]　[fɛt]　[fam]

◆ 常用句型

Le français est difficile.
[lə-frãsɛ-ɛ-difisil]
Quel est le prix du riz ?
[kɛ-lɛ-lə-pri-dy-ri]

Vous buvez du thé ? du café ?
[vu-byve-dy-te/ dy-cafe]
Vous pourriez répéter ?
[vu-purje-repete]
Je suis désolé.
[ʒə-sɥi-dezɔle]

Je voudrais une baguette, s'il vous plaît.
[ʒə-vudrɛ-yn-bagɛt, sil-vu-plɛ]
Tu aimes faire du sport ?
[ty-ɛm-fɛr-dy-spɔr]
En mai, fais ce qu'il te plaît.
[ã-mɛ, fɛ-sə-kil-tə-plɛ]

Si les jeunes savaient, si les vieux pouvaient.
[si-le-ʒœn-savɛ, si-le-vjø-puvɛ]

Au revoir, Madame.
[o-rəvwar-madam]
Nathalie est une camarade de classe à moi.
[natali-ɛ-tyn-kamarad-də-klas-a-mwa]
À Pâques, tu vas voyager ?
[a-pak, ty-va-vwajaʒe]
Marilyn Monroe est une femme fatale.
[marilɛ̃-mɔ̃ro-ɛ-tyn-fam-fatal]

B.辅音第一组：[p] [b] [t] [d] [k] [g]

[p]

发音口形	发音要领
双唇并拢，形成阻塞，然后打开，让气流从口腔冲出。	[p]是双唇爆破发出的清辅音，发音时双唇肌肉紧张，声带不振动，气流在冲破双唇形成的阻塞时发出清晰的爆破音。在元音前不送气，在音节末或与l、r构成辅音群时送气，此时发音同英语中的p（people）。

常见拼写方式	例词
p	pas不，paix和平，étape阶段，place位置
pp	appel呼唤，nappe桌布，grippe感冒

【发音练习】

pas[pa]　paix[pɛ]　étape[etap]　place[plas]
appel[apɛl]　nappe[nap]　grippe[grip]

【说明】

a. [p] 有三种读法。

① 在元音前不送气。如：pose [poz]（姿势），passeport [pas-por]（护照）。

② 在词末送气，用撇"'"表示。如：type [tip']（种类），pape [pap']（罗马教皇）。

③ 在辅音前可送气，也可不送气。如：aptitude [ap'-ti-tyd] 或 [ap-ti-tyd]（才能），place [p'las] 或 [plas]（位置）。

b. 个别单词中，当p位于另一个辅音字母前时不发音。如：sept [sɛt]（七），sculpture [skyltyr]（雕塑）。

[b]

发音口形	发音要领
双唇并拢，形成阻塞，然后打开，让气流从口腔冲出。	[b]是双唇浊辅音，发音方式基本同[p]，但发音时双唇肌肉不要紧张，靠声带振动发音并只有极少量的气流冲出口腔。

常见拼写方式	例词
b	belle漂亮的，bas低，bébé宝贝
bb	abbé修道院院长，abbaye修道院

【发音练习】

belle[bɛl]　bas[ba]　bébé[bebe]

abbé[abe]　abbaye[abei]

【说明】

a. 法语的辅音系统有很多成对的清、浊辅音，如 [p-b, t-d, k-g]，必须加以区分，否则会带来词义的混淆。如：pain [pɛ̃]（面包）– bain [bɛ̃]（洗澡），port [pɔr]（港口）– bord [bɔr]（边缘）。初学者应该多加练习，通过大量听力练习增加语感，通过大量的发音练习巩固发音技巧，逐渐形成自然习惯。

b. 不论在单词的任何位置，[b] 都不送气。如：herbe [erb]（草），不可读作 [erp]; bible [bibl]（圣经），不可读作 [bipl]。

[t]

发音口形	发音要领
舌尖抵在上齿和上齿龈之间形成阻塞，气流突然从口腔冲出，形成爆破音。	[t]是舌前清辅音，发音时声带不振动，舌尖肌肉紧张。[t]在元音前不送气，在音节末或与l、r构成辅音群时送气，此时发音同英语中的t（tea）。

常用拼写方式	例词
t	tête头，table桌子，type类型，maître主人，教师
tt	atterrir着陆，dette债务，patte爪子
th	thé 茶
t在少数词的词末	net干净的，direct直接的
d在联诵时	quand il [kɑ̃til]当……

【发音练习】

　　tête[tɛt]　　table[tabl]　　type[tip]　　maîtr[mɛtr]

　　atterrir[atɛrir]　　dette[dɛt]　　patte[bat]

　　thé[te]

　　net[nɛt]　　direct[dirɛkt]

　　quand il[kɑ̃til]

【说明】

　　a. [t] 有三种读法。

　　①在元音前不送气。如：tasse [tas]（带把的杯子），type [tip]（种类）。

　　②在词末送气，用"'"表示。如：date [dat']（日期）。

　　③在辅音前送气。如：Atlantique [atlɑ̃-tik]（大西洋的），très [t'rɛ]（很）。

　　b. 词末的 t 字母通常不发音。如：institut [ɛs-ti-ty]（机构），climat [kli-ma]（气候）。但是，如果词末的 t 与前面的 e 构成词末的 -et 组合，则读作 [ɛ]。如：bouquet [bu-kɛ]（量词，束，扎），ballet [ba-lɛ]（芭蕾）。在个别词末的字母 t 应该发音，如：net [nɛt]（干净的），exact [ɛg-zakt]（确切的）。有一些词末的 t 可以发音，也可不发音。如：but [by(t)]（目标），fait [fɛ(t)]（事实）。

　　c. "ti +元音" 的组合中，t 读作 [s]。如：partiel [parsjɛl]（部分的），patience [pasjɑ̃s]（耐心）。

[d]

发音口形	发音要领
舌尖抵在上齿和上齿龈之间形成阻塞，发音时气流从口腔冲出。	[d]是舌齿浊辅音，发音时声带要振动，舌尖肌肉不要紧张，只有极少量气流冲出口腔。

常见拼写方式	例词
d	date日期，madame女士，drame戏剧
dd	addition增添物，（餐馆）账单
dh	adhérer紧贴
d在少数词的词末	Madrid马德里，Alfred阿尔弗雷德，David大卫

【发音练习】

　　date[dat]　　madame[madam]　　drame[dram]

　　addition[adisjɔ̃]

　　adhérer[adere]

　　Madrid[madrid]　　Alfred[alfrɛd]　　David[david]

【说明】

a. 注意区分 [d] 和 [t]，否则会造成意义模糊甚至误解。如：ride [rid]（皱纹）– rite [rit]（仪式）；dater [date]（注明日期）– tâter [tate]（触摸）。

b. 不论在单词的任何位置，[d] 都不送气。如：chaude [ʃod]（热），不可读作 [ʃot]；adresse [adrɛs]（地址），不可读作 [atrɛs]。

[k]

发音口形	发音要领
舌面抬起抵硬腭后部形成阻塞，气流突然从口腔冲出，形成爆破音。	[k]是舌后清辅音，发音时舌面抬起，肌肉紧张，声带不振动。在元音前不送气，在音节末或与l，r构成辅音群时送气，此时发音同英语中的k（cake）。

常见拼写方式	例词
c或cc在a, o, u之前	café咖啡，caisse收银台，coco椰子，Cuba古巴，occasion场合，accord同意，occupé忙碌的
c在辅音字母之前	clé钥匙，cravate领带，strict严格的
k，ck	kaki柿子，kilo千克，ticket票
qu	qui谁，quel哪一个，disque唱片
c或q在词末	sac袋，包，lac湖泊，parc公园，coq公鸡，cinq五
ch ●在某些外来词中 ●在r或n前 ●在某些专有名词中	chaos（s不发音）混乱，archaïque古代的；Christ基督，technique技巧；Munich慕尼黑，Michel-Ange米开朗琪罗
cc在e, i, y前读[ks]	succès成功，accent口音，accident意外
x读[ks]	taxi出租车，texte文章，excuser原谅，index索引，Félix费利克斯

【发音练习】

café[kafe]　caisse[kɛs]　coco[kɔko]　Cuba[kyba]

occasion[ɔkasjɔ̃]　accord[akɔr]　occupé[ɔkype]

clé[kle]　cravate[kravat]　strict[strikt]

kaki[kaki]　kilo[kilo]　ticket[tikɛ]

qui[ki]　quel[kɛl]　disque[disk]

sac[sak]　lac[lak]　parc[park]　coq[kɔk]　cinq[sɛ̃k]

chaos[kao]　archaïque[arkaik]　christ[krist]　technique[tɛknik]

Munich[mynik]　Michel-Ange[mikɛ-lɑ̃ʒ]

succès[syksɛ]　accent[aksɑ̃]　accident[aksidɑ̃]

taxi[taksi]　texte[tɛkst]　excuser[ɛkskyze]　index[ɛ̃dɛks]　Félix[feliks]

【说明】

a. [k] 有三种读法。

①在元音前不送气。如：casser [ka-se]（打碎），quel [kɛl]（什么样的）。

②在词末送气，用"'"表示。如：lac [lak']（湖泊），publique [py-blik']（公共的）。

③在辅音前送气。如：contacter [kɔ̃-tak'-te]（接触），clé [k'le]（钥匙）。

b. 词首的 ex 在辅音字母前读作 [ɛks]。如：expliquer [ɛks-pli-ke]（解释），excuser [ɛks-ky-se]（原谅）。在 ce、ci 组合前读作 [ɛk]，如：excellent [ɛk-sɛ-lɑ̃]（优秀的），exciter [ɛk-si-te]（激起）。

c. 词末的 -x 和 -xe 读作 [ks]。如：index [ɛ̃-dɛks]（索引），complexe [kɔ̃-plɛks]（复杂的）。

d. 在个别单词中，qu 组合可能有另一种发音。如：équateur [e-kwa-tœr]（赤道），quadrupler [kwa-dry-ple]（增长四倍），équation [e-kwa-sjɔ̃]（方程式），aquarium [a-kwa-rjɔm]（玻璃鱼缸）。

[g]

发音口形	发音要领
舌面抬起抵硬腭后部形成阻塞，气流从口腔冲出，声带振动。	[g]是舌后浊辅音，发音时舌面抬起，肌肉不要紧张，声带必须振动并只有极少量的气流冲出口腔。

常见拼写方式	例词
g在a, o, u或辅音字母之前	gare火车站，goutte水滴，figure外形，sigle首字母缩合词
g在少数词的词末	zigzag曲折而行
gu在e, i, y之前	guerre战争，guide导游，Guy居伊
c在少数词中	second第二
ex/inex＋元音，并在词首读[ɛgz]/[inɛgz]	examen[ɛ̃]考试，exercice锻炼 inexact不准确的

【发音练习】

gare[gar]　goutte[gut]　figure[figyr]　sigle[sigl]

zigzag[zigzag]

guerre[gɛr]　guide[gid]　Guy[gi]

second[səgɔ̃]

examen[ɛgzamɛ̃]　exercice[ɛgzɛrsis]　inexact[inɛgzakt]

【说明】

    a. 不论在单词的任何位置，[g] 都不送气。如：golfe [gɔlf]（海湾），不可读作 [kɔlf]；bagage [ba-gaʒ]（行李），不可读作 [ba-kaʒ]；ligue [lig]（同盟），不可读作 [lik]。

    b. gu + i 或 gu + a 还有另一种发音，如：linguistique [lɛ̃-gɥis-tik]（语言学），lingual [lɛ̃-gwal]（舌的）。

    c. 在个别单词中字母 c 读作 [g]，如：second [sə-gɔ̃]（第二）。

    d. 在词 ex- 或 inex- 加元音中，字母 x 读作 [gz]，如：examiner [ɛg-za-mi-ne]（检查），exiger [ɛg-zi-ʒe]（苛求）。但是 taxi [tak-si]（出租车）、fixer [fik-se]（固定）和 réflexion [re-flɛk-sjɔ̃]（思考）是例外。

◆ 比较 [p]-[b] [t]-[d] [k]-[g]

pas	–	bas
[pa]		[ba]
pile	–	bile
[pil]		[bil]
puce	–	bus
[pys]		[bys]
poule	–	boule
[pul]		[bul]
tête	–	dette
[tɛt]		[dɛt]
thé	–	dé
[te]		[de]
tout	–	doux
[tu]		[du]
tôt	–	dos
[to]		[do]
car	–	gare
[kar]		[gar]
coût	–	goût
[ku]		[gu]
cadeau	–	gâteau
[kado]		[gato]
quitte	–	guide
[kit]		[gid]

    ·小窍门

    可以借助一张小纸片来体验清辅音和浊辅音的区别。把纸片放在嘴的前方，发清辅音时应能吹动纸片，而发浊辅音则不能。

◆ 比较下列几组单词，感受清辅音和浊辅音发音的不同

poisson	—	boisson
[pwasɔ̃]		[bwasɔ̃]
pierre	—	bière
[pjɛr]		[bjɛr]
prune	—	brune
[pryn]		[bryn]
poire	—	boire
[pwar]		[bwar]
trois	—	droit
[trwa]		[drwa]
cycle	—	sigle
[sikl]		[sigl]
trame	—	drame
[tram]		[dram]
classe	—	glace
[klas]		[glas]

◆ 比较送气和不送气的 [p][t][k]

souper	—	soupe
[supe]		[sup]
palace	—	place
[palas]		[plas]
parti	—	pratique
[parti]		[pratik]
fêter	—	fête
[fɛte]		[fɛt]
tasse	—	trace
[tas]		[tras]
tour	—	trou
[tur]		[tru]
sac à dos	—	sac
[sa-ka-do]		[sak]
cou	—	clou
[ku]		[klu]
carte	—	cravate
[kart]		[kravat]

◆ 朗读

Des milliers et des milliers d'années
[de-milje-e-de-milje-dane]
Ne sauraient suffire
[nə-sorɛ-syfir]
Pour dire
[pur-dir]
La petite seconde d'éternité
[la-pətit-səkɔ̃d-detɛrnite]
Où tu m'as embrassé
[u-ty-ma-ɑ̃brase]
Où je t'ai embrassée
[u-ʒə-tɛ-ɑ̃brase]
…

Jacques Prévert，Le Jardin
[ʒak-prevɛr, lə-ʒardɛ̃]

C.元音第二组：口腔中元音[y] [ø] [ə] [œ]

[y]

发音口形	发音要领	发音要领
○	舌位、开口度和肌肉紧张度与元音[i]相近，但双唇凸出，绷紧成圆形，唇部肌肉紧张。	舌位、开口度和肌肉紧张度与元音[i]相近，但双唇凸出，绷紧成圆形，唇部肌肉紧张。

常见拼写方式	例词
u，ü	Lucie吕西，tu你，but目标，flûte长笛，dû欠款，Lune月亮

【发音练习】

Lucie[lysi]　　tu[ty]　　but[by(t)]　　flûte[flyt]　　dû[dy]　　Lune[lyn]

【说明】

a. 发 [y] 这个音时注意周围是否有其他元音字母或 n、m 与 u 构成其他元音，如：jeune [ʒœn]（年轻的），cueillir[kœ-jir]（采摘），coût [ku]（费用），lundi [lœ̃-di]（星期一），parfum [par-fœ̃]（香水）等。

b. 动词 avoir 的简单过去时变位中的 eu（如：j'eus）和过去分词 eu，并不读作 [ø]，而是读作 [y]。如：Il a eu un accident. [i-la-y-œ̃-nak-si-dɑ̃]（他出了一场事故）；Un an après, ils eurent leur premier enfant. [œ̃-nã-a-prɛ-il-zyr-lœr-prə-mje-ã-fã]（一年后，他们有了第一个孩子）。

c. 如果字母 u 前面是辅音字母 q 或 g，要注意后面是否还有其他元音字母。如果有其他元音字母，通常 u 与前面的 q 或 g 构成一个辅音 [k] 或 [g]。如：qui [ki]（谁），longue [lɔ̃g]（长的）。

[ø]

发音口形	发音要领
○	舌位和开口度与元音[e]相同，双唇凸出成圆形，发音较尖锐，肌肉较紧张。

常用拼写方式	例词
eu，œu在词末开音节中	jeu游戏，feu火焰，deux二，vœu祝愿，nœud结、扣，bœufs牛肉（fs不发音）
eu在[z][t][d]音前	serveuse服务员，neutre中立的，jeudi星期四
eû	jeûne斋戒

【发音练习】

jeu[ʒø]　feu[fø]　deux[dø]　vœu[vø]　nœud[nø]　bœufs[bø]
serveuse[sɛrvøz]　neutre[nøtr]　jeudi[ʒødi]
jeûne[ʒøn]

【说明】

a. eu 可以读作 [œ]，也可读作 [ø]，主要看它们在单词中的位置。在词末开音节及 [z] 音前时通常发 [ø]。如：peu [pø]（很少），dangereuse [dɑ̃ʒ-røz]（危险的）。如果 eu 在词首，又是开音节，则读作 [ø]。如：euromarché [ø-ro-mar-ʃe]（欧洲市场），européen [ø-rɔ-pe-ɛ̃]（欧洲的），neurologie [nø-ro-lɔ-ʒi]（神经学）。

b. Monsieur [mə-sjø]（先生）是法语的常用词，其中的 -eur [ø] 为特殊发音。

[ə]

发音口形	发音要领
○	舌位和开口度与元音[ɛ]相近，肌肉比较放松，双唇凸出成圆形。该音只出现在非重读音节中，发音时无须用力。注意不要将这个圆唇音与汉语拼音中的e混淆。将嘴角肌肉往中间缩可帮助避免这错误。

常见拼写方式	例词
e在少数单音节词词末	le定冠词，te你，de……的
两个辅音＋e＋辅音（辅辅e辅）	Mercredi星期三，gouvernement政府，entreprise企业
e在词首开音节中	Benoît伯努瓦，demi半，menu菜单
ai在faire的某些词形变化中	faisons做，satisfaisant令人满意的
on在个别词中	Monsieur先生

【发音练习】

le[lə]　te[tə]　de[də]

mercredi[mɛrcrədi]　gouvernement[guvɛrnəmɑ̃]　entreprise[ɑ̃trəpriz]

Benoît[bənwa]　demi[dəmi]　menu[məny]

faisons[fəzɔ̃]　satisfaisant[satisfəzɑ̃]

Monsieur[məsjø]

【说明】

　　a. e 在闭音节中和两个相同的辅音字母前读作 [ɛ]。如：rester [rɛs-te]（留下），appelle [a-pɛl]（招呼）。

　　b. 如果没有特殊语音符号（如 é、è、ë）的话，词末的 e 通常不发音。如：camarade [ka-ma-rad]（同志）。但是由于 e 的存在，它前面的辅音字母要发音。如：chaud [ʃo] － chaude [ʃod]（热的）。

　　c. e 出现在 "元＋辅＋e＋辅＋元" 的字母排列中，e 就不发音。如：samedi [sam-di]（星期六），médecin [med-sɛ̃]（医生）。

　　d. 法语中大量的单音节冠词、代词等都有 e，如果后面的单词以元音或哑音 h 开始，则 e 必须省略，省略后原来发 [ə] 的音消失，剩下的辅音字母跟后面的元音连音。如：Je + irai = J'irai. [ʒi-re]（我将去），le + hôtel = l'hôtel [lo-tɛl]（宾馆）。

　　e. Monsieur [mə-sjø]（先生）是法语的常用词，其中的 -on [ə] 为特殊发音。

[œ]

发音口形	发音要领
〇	舌位和开口度与元音[ɛ]相同，只是双唇凸出成圆形，肌肉较轻松，从里往外发音。

常见拼写方式	例词
eu, œu在多数情况中	leur他们的, fleur花, seul独自的, sœur姐妹, cœur心, bœuf牛肉
œ在个别词中	œil眼睛
ueil在c或g后读[œj]	accueil迎接, orgueil自豪
在个别外来语中	club俱乐部, t-shirt [ʃœrt] T恤

【发音练习】

leur[lœr]　fleur[flœr]　seul[sœl]　sœur[sœr]　cœur[kœr]　bœuf[bœf]
œil[œj]
accueil[akœj]　orgueil[ɔrgœj]
club[klœb]　t-shirt[tiʃœrt]

【说明】

a. œ 是法语字母中一种特殊的拼写形式，是字母 o 和 e 的组合。查字典时应到以字母 o 开始的单词中查找。书写或打字时不组合并不影响发音和语义。

b. œuf（鸡蛋）和 bœuf（牛肉）这两个词在单数时读作 [œf] 和 [bœf]，但在变成复数后读作 [ø] 和 [bø]。

c. 以 œ 开始的一些单词有三种发音：[œ][e][ɛ]。

① 如果 œ 后跟随的字母是 i，则 œ 读作 [œ]，如：œillet [œ-jɛ]（扣眼）。
② 如果 œ 后跟随的字母是 n，则 œ 读作 [e]，如：œnologie [e-nɔ-lɔ-ʒi]（酿酒学）。
③ 如果 œ 后跟随的字母是 s，则 œ 读作 [ɛ]，如：œstrus [ɛs-trys]（发情期）。

◆ 比较 [y] [ø] [ə] [œ]

su　—　ceux　—　ce　—　sœur
[sy]　　[sø]　　[sə]　　[sœr]
tu　—honteux　—　tenir—　acteur
[ty]　　[ɔ̃tø]　　[tənir]　[aktœr]
lu　—　bleu　—　le　—　leur
[ly]　　[blø]　　[lə]　　[lœr]
nu　—　nœud　—　ne　—　neuf
[ny]　　[nø]　　[nə]　　[nœf]
prune—lépreux—premier—preuve
[pryn]　[leprø]　[prəmje]　[prœv]

◆ 朗读

À mesure que je vis, je dévie
[a-məzyr-kə-ʒə-vi, ʒə-devi]
À mesure que je pense, je dépense

[a-məzyr-kə-ʒə-pɑ̃s, ʒə-depɑ̃s]
À mesure que je meurs, je demeure
[a-məzyr-kə-ʒə-mœr, ʒə-dəmœr]

Jean Tardieu
[ʒɑ̃-tardjø]

Il pleure dans mon cœur
[il-plœr-dɑ̃-mɔ̃-kœr]
Comme il pleut sur la ville;
[kɔm-il-plø-syr-la-vil]
Quelle est cette langueur
[kɛ-lɛ-sɛt-lɑ̃gœr]
Qui pénètre mon cœur ?
[ki-penɛtr-mɔ̃-kœr]
...

Paul Verlaine, Il pleure dans mon cœur
[pɔl-vɛrlɛn] [il-plœr-dɑ̃-mɔ̃-kœr]

D. 辅音第二组：摩擦辅音 [f] [v] [s] [z] [ʃ] [ʒ]

[f]

发音口形	发音要领
上门齿顶住下唇内侧，形成阻塞，气流通过唇齿之间的缝隙擦出，形成摩擦音。	[f]是摩擦辅音，发音时气流通过上门齿与下唇之间的缝隙通过，利用摩擦发音，声带不振动。

常见拼写方式	例词
f	fille女孩，faire做，frère兄弟，réformer改革
ff	effet效果，difficile困难的, offre提议
f在多数词的词末	vif鲜活的，chef大厨/头领，sauf安全的
ph	physique身体, photo照片，philosophe哲学家，symphonie交响乐

【发音练习】

fille[fij]　faire[fɛr]　frère[frɛr]　réformer[refɔrme]
effet[efɛ]　difficile[difisil]　offre[ɔfr]
vif[vif]　chef[ʃɛf]　sauf[sof]
physique[fizik]　photo[fɔto]　philosophe[filɔzɔf]　symphonie[sɛ̃fɔni]

【说明】

词末的 f 发音通常有三种情况。

①发音。如：positif [po-zi-tif]（肯定的），intensif [ɛ̃-tã-sif]（强化的）。

②个别名词词尾的 -f 单数时发音。如：bœuf [bœf]（牛肉），œuf [œf]（鸡蛋）。当这些名词变成复数时，词尾的 -f 不发音，同时前面的开元音变成闭元音。如：bœufs [bø]（牛肉），œufs [ø]（鸡蛋）。

③个别单词词尾的 -f 不发音。如：nerf [nɛr]（神经），cerf [sɛr]（雄鹿）。

[v]

发音口形	发音要领
发音方式基本同[f]，但声带振动，并且气流在唇齿之间须稍微停留后再擦出。	[v]是摩擦浊辅音，发音时气流通过上门齿与下唇之间的缝隙，利用摩擦发音，声带须振动。注意不要把[v]发成汉语拼音中的u。注意找到这个唇齿音的发音点，并且发音时要有气流冲出。

常见拼写方式	例词
v	voir看，veste上衣，vivre生活
w在少数词中	wagon车厢
f在联诵时	neuf heures九小时

【发音练习】

voir[vwar]　veste[vɛst]　vivre[vivr]
wagon[vagɔ̃]
neuf heures[nœ-vœr]

【说明】

字母 w 通常出现在外来词中，一般有两种发音。

①读作 [v]。如：wagon [va-gɔ̃]（车厢），warrant [va-rã]（仓库存货单）。

②读作半元音 [w]。如：Web [wɛb]（国际互联网），Watt [wat]（瓦特）。

[s]

发音口形	发音要领
舌尖抵下齿，上下齿靠近，舌面前部与上腭间形成缝隙，气流通过缝隙时发生摩擦。	[s]是摩擦清辅音，发音时上下齿靠近，舌尖抵下齿，舌前部略抬起，气流从舌前部与硬腭之间的缝隙通过，利用摩擦发音，声带不振动。

常见拼写方式	例词
s不在两个元音字母之间	si假如，penser思考，veste上衣，Seine塞纳河
ss	poisson鱼，classe教室，messe弥撒
c或sc在e, i, y前	cinéma电影院，Cécile塞西尔，cycle循环，science科学，descendre下
ç	français法语，leçon课，déçu失望的
t在tion和tie中	attention注意，national国家的，patient耐心的，diplomatie外交
x在少数词中	dix十，six六，soixante六十，Bruxelles布鲁塞尔

【发音练习】

si[si]　penser[pɑ̃se]　veste[vɛst]　Seine[sɛn]

poisson[pwasɔ̃]　classe[klas]　messe[mɛs]

cinéma[sinema]　Cécile[sesil]　cycle[sikl]　science[sjɑ̃s]

descendre[desɑ̃dr]

français[frɑ̃sɛ]　leçon[ləsɔ̃]　déçu[desy]

attention[atɑ̃sjɔ̃]　national[nasiɔnal]　patient[pasjɑ̃]

diplomatie[diplɔmasi]

dix[dis]　six[sis]　soixante[swasɑ̃t]　Bruxelles[brysɛl]

【说明】

a. 字母 s 有好几种发音方法，要注意辨别 s 字母所处的位置以及前后相邻的字母。

①在词首通常发 [s]。如：semaine [sə-mɛn]（星期），sapin [sa-pɛ̃]（杉树）。

②在词中，如果 s 字母前后都是元音字母，则发 [z]。如：vase [vaz]（花瓶）。但如果 s 字母前后都是元音字母，而且又在复合词第二个成分开始处，则不发 [z]，仍然读作 [s]。如：parasol [pa-ra-sɔl]（阳伞），vraisemblable [vrɛ-sɑ̃-blabl]（像真的）。

③一些单词词末的 s 发音。如：bus [bys]（公共汽车），ours [urs]（熊）。但是也有很多单词词末的 s 不发音。如：pas [pa]（脚步），tas [ta]（堆），jus [ʒy]（汁）。

b. 在一些单词中的"t ＋ i ＋元音"字母的组合中，t 的发音出现了软化现象，不发 [t]，而读作 [s]。如：diplomatie [di-plɔ-ma-si]（外交），initial [i-ni-sjal]（开始的），invitation [ɛ̃-vi-ta-sjɔ̃]（邀请）。如果在这个组合前面是 s，t 的发音就发生腭化现象，转而读作类似于拼音"q"的音，而音标仍然以 [t] 来表示，如：question [kɛs-tjɔ̃]（问题）。

[z]

发音口形	发音要领
舌尖抵下齿，上下齿靠近，舌面前部与硬腭间形成缝隙，气流通过缝隙时发生摩擦，发音时声带振动。	[z]是摩擦浊辅音，发音时上下齿靠近，舌尖抵下齿，舌前部略抬起，气流从舌前部与硬腭之间的缝隙通过，利用摩擦发音，声带振动。发音时注意不要发成汉语拼音中的z（自）。

常见拼写方式	例词
z	gaz气体，douze十二，zéro零
s在两个元音字母之间	bise吻，cousine表姐妹，visage脸
s在联诵时	les amis朋友们
x在联诵时	dix ans十年
x在个别词中	deuxième第二，dixième第十

【发音练习】

gaz[gaz]　douze[duz]　zéro[zero]
bise[biz]　cousine[kuzin]　visage[vizaʒ]
les amis[le-zami]
dix ans[di-zɑ̃]
deuxième[dœzjɛm]　dixième[dizjɛm]

【说明】

a. 字母 x 在两个元音字母之间读作 [gz]。如：exercice [ɛg-zɛr-sis]（练习），exagérer [ɛg-za-ʒe-re]（夸张）。

b. 词末的 z 通常不发音。如：riz [ri]（大米），ruz [ry]（溪谷）。只有少数的几个词末的 z 发音。如：gaz [gaz]（气体），jazz [ʒaz]（爵士乐）。如果词末是 -ez 组合，则读作 [e]。如：nez [ne]（鼻子），chez [ʃe]（在……家里），allez [a-le]（去）。

[ʃ]

发音口形	发音要领
双唇凸出成圆形，舌尖抬向上齿龈稍后的部分，与上腭之间形成缝隙，气流通过时产生摩擦而发音。	[ʃ]是摩擦清辅音，发音时舌尖上翘，靠近上齿龈后部，气流通过舌前部与硬腭之间的空隙，利用摩擦发音。

常见拼写方式	例词
ch	Chine中国，chaise椅子，sachet小袋子
sh	shampoing洗发剂
sch	schéma示意图

【发音练习】

Chine[ʃin]　chaise[ʃɛz]　sachet[saʃɛ]
shampoing[ʃɑ̃pwɛ̃]
schéma[ʃema]

【说明】

ch 字母组合有两种发音。

①在元音前读作 [ʃ]。如：chat [ʃa]（猫），poche [pɔʃ]（口袋）。

②在希腊文借词中，虽然 ch 后面有元音字母，但是读作 [k]。如：écho [e-ko]（回声），psychologie [psi-kɔ-lɔ-ʒi]（心理学）。另外，在 r、n 前，ch 也读作 [k]，如：technique [tɛk-nik]（技术），Christ [krist]（基督）。

[ʒ]

发音口形	发音要领
双唇凸出成圆形，舌尖向上翘，靠近上齿龈稍后的部分，与上腭之间形成缝隙，气流通过时产生摩擦而发音。	[ʒ]是摩擦浊辅音，发音方式基本同[ʃ]，但声带振动，不要发成汉语拼音中的 r（日），注意在振动声带的同时发好摩擦音。

常见拼写方式	例词
j	je 我，joli 漂亮的，jour 日子
g 在 e, i, y 前	gilet 背心，geste 手势，gymnase 健身房
ge 在 a, o 前	mangeais 吃，mangeons 吃，Georges 乔治

【发音练习】

je[ʒə]　joli[ʒɔli]　jour[ʒur]
gilet[ʒilɛ]　geste[ʒɛst]　gymnase[ʒimnaz]
mangeais[mɑ̃ʒɛ]　mangeons[mɑ̃ʒɔ̃]　Georges[ʒɔrʒ]

【说明】

g 字母组合有好几种发音。

①在元音字母 a、o、u 前读作 [g]。如：gare [gar]（火站），gorge [gɔrʒ]（喉咙），légume [le-gym]（蔬菜）。

②gu 在元音字母前读作 [g]。如：langue [lɑ̃g]（语言）。

③在辅音字母前读作 [g]。如：augmenter [og-mɑ̃-te]（增长）。

④与 n 组合成 gn，读作 [ɲ]。如：signe [siɲ]（符号）。

⑤g 在 e、i、y 前读作 [ʒ]。如：général [ʒe-ne-ral]（普遍的），gilet [ʒi-lɛ]（背心）。

◆ 比较 [f]-[v] [s]-[z] [ʃ]-[ʒ]

face	—	vase
[fas]		[vaz]
faire	—	vers
[fɛr]		[vɛr]
vif	—	vive
[vif]		[viv]
fou	—	vous
[fu]		[vu]
poisson	—	poison
[pwasɔ̃]		[pwazɔ̃]
dessert	—	désert
[desɛr]		[dezɛr]
basse	—	base
[bas]		[baz]
sel	—	zèle
[sɛl]		[zɛl]
char	—	jarre
[ʃar]		[ʒar]
chez	—	j'ai
[ʃe]		[ʒe]
chou	—	joue
[ʃu]		[ʒu]
cache	—	cage
[kaʃ]		[kaʒ]
sac	—	chaque
[sak]		[ʃak]
sec	—	chèque
[sɛk]		[ʃɛk]
ces	—	chez
[se]		[ʃe]
sous	—	chou
[su]		[ʃu]

◆ 绕口令

Chasseurs qui chassez bien.
[ʃasœr-ki-ʃase-bjɛ̃]

Sachez chasser sans chien.
[saʃe-ʃase-sɑ̃-ʃjɛ̃]

Les six chemises de l'archiduchesse.
[le-sis-ʃəmiz-də-larʃidyʃɛs]
Sont sèches et archi-sèches.
[sɔ̃-sɛʃ-e-arʃisɛʃ]

Si six scies scient six cigares.
[si-sis-si-si-sis-sigar]
Six cents scies scieront six cents cigares.
[sis-sɑ̃-si-sirɔ̃-sis-sɑ̃-sigar]

E. 元音第三组：后元音[u] [o] [ɔ]

[u]

发音口形	发音要领
○	发[u]时，开口较小，舌尽量后缩，双唇凸出呈圆形，口型紧缩。这个音类似于汉语中的"乌"，但是唇部肌肉更紧张。

常见拼写方式	例词
ou, où, oû	vous您，你们，où哪里，goût口味
aou, aoû	août（t发音）八月，saoul（l不发音）醉
个别外来语中	foot（t发音）足球，clown（n发音）小丑

【发音练习】

vous[vu]　où[u]　goût[gu]
août[ut]　saoul[su]
foot[fut]　clown[klun]

【说明】

发[u]这个音时，如果后面有其他元音字母，ou就变成半元音[w]。如：oui [wi]（是的），chouette [ʃwɛt]（猫头鹰）。

[o]

发音口形	发音要领
○	舌略向后缩，舌尖离开下齿，双唇凸出，口型很圆，开口度非常小，但是略大于[u]。

常见拼写方式	例词
o在词末开音节中	métro地铁，vélo自行车，mot单词
o在[z]前	rose玫瑰，chose事，oser敢于
ô	allô喂，drôle好笑的，côté旁、侧
eau	beau好看的，cadeau礼品，bureau办公室
au	aussi也，autre另外的，chaud热

【发音练习】

métro[metro]　vélo[velo]　mot[mo]
rose[roz]　chose[ʃoz]　oser[oze]
allô[alo]　drôle[drol]　côté[kote]
beau[bo]　cadeau[kado]　bureau[byro]
aussi[osi]　autre[otr]　chaud[ʃo]

【说明】

a. 在法语单词中，如果出现 -otion 的组合，字母 o 通常读作 [o]。如：notion [no-sjɔ̃]（观念），émotion [e-mo-sjɔ̃]（感动）。

b. 在个别常用单词中，o 的位置不具备读作 [o] 的条件，但是仍然读作 [o]。如：zone [zon]（区域），atome [a-tom]（原子）。

[ɔ]

发音口形	发音要领
○	舌略向后缩，舌尖离开下齿，双唇凸出基本成圆形，开口度较大。

常见拼写方式	例词
o在多数词中（词末开音节和[z]音前除外）	robe连衣裙，porte门，comme像，d'accord赞成，économie经济，votre您的，你们的，chocolat巧克力
um在词末读[ɔm] (parfum除外)	forum论坛, album唱片
au在[r]前及少数词中	aurore曙光，aurai将有，Laure洛尔

【发音练习】

robe[rɔb]　porte[pɔrt]　comme[kɔm]　d'accord[dakɔr]

économie[ekɔnɔmi]　votre[vɔtr]　chocolat[ʃɔkɔla]

forum[fɔrɔm]　album[albɔm]

aurore[ɔrɔr]　aurai[ɔrɛ]　Laure[lɔr]

【说明】

a. 在辅音群 tr 前的 au- 通常读作 [o]。如：autrement [o-trə-mã]（不一样），Autriche [o-triʃ]（奥地利）。

b. 日常用语中的 Au revoir（再见）应读作 [ɔr-vwar]。

◆ 比较 [u] [o] [ɔ]

couple	—	côté	—	comme
[kupl]		[kote]		[kɔm]
poupée	—	paume	—	poste
[pupe]		[pom]		[pɔst]
chouchou	—	chaud	—	choc
[ʃuʃu]		[ʃo]		[ʃɔk]
boulette	—	beaucoup	—	bossu
[bulɛt]		[boku]		[bɔsy]
voûte	—	veau	—	vote
[vut]		[vo]		[vɔt]

◆ 常用句型

Notre professeur porte un beau costume.

[nɔtr-prɔfɛsœr-pɔrtœ̃-bo-kɔstym]

On se téléphone ? D'accord !

[õ-sə-telefɔn] [dakɔr]

Je ne connais pas ce mot.

[ʒə-nə-kɔnɛ-pa-sə-mo]

Vous avez beaucoup de cours tous les jours ?

[vu-zave-boku-də-kur-tu-le-ʒur]

Julie et Benoît cherchent un nouveau locataire.

[ʒuli-e-bənwa-ʃɛrʃ-œ̃-nuvo-lɔkatɛr]

F. 半元音：[j] [ɥ] [w]

[j]

发音口形	发音要领
发音部位和开口度与[i]基本相同。	[j]是半元音，也叫半辅音。发音方法与[i]基本相同，但发音短促，肌肉更紧张，气流通道狭窄，气流通过时产生摩擦。

常见拼写方式	例词
i或ï在元音前	hier昨天，pied脚，vieux年老的，faïence彩陶
"元音+il"在词末	travail工作，conseil建议，fenouil茴香，fauteuil扶手椅，cercueil [kœj]棺材，œil眼睛
元音+ill+元音字母	travailler工作，bouteille瓶子，bouillie粥，feuille叶子，accueillir接待，œillet扣眼
"辅音+ill+元音"读[i:j]	gentille体贴的，famille家庭，fille女孩，（但在ville城市，mille一千，Lille里尔等词中读[il]）
"辅音群+i+元音"读[i:j]	crier呼喊，pliable可折叠的，oublier忘记
y在词首，且后面跟元音	yeux眼睛，yaourt酸奶
"辅音+y+元音"读[i:j]	Lyon里昂
"ay, ey+元音字母"读[ɛj] "oy+元音"读[waj] "uy+元音"读[ɥij] (以上字母组合中y相当于i+i)	paye支付，crayon铅笔，asseyez-vous请坐，（但payer [peje]支付） voyelle元音，moyen中等的 appuyer [apɥije]按压，tuyau管子，ennuyer无聊

【发音练习】

hier[jɛr] pied[pje] vieux[vjø] faïence[fajɑ̃s]
travail[travaj] conseil[kɔ̃sɛj] fenouil[fənuj] fauteuil[fotœj]
cercueil[sɛrkœj] œil[œj]
travailler[travaje] bouteille[butɛj] feuille[fœj] accueillir[akœjir] œillet[œjɛ]
gentille[ʒɑ̃tij] famille[famij] fille[fij] ville[vil] mille[mil] Lille[lil]
crier[krije] pliable[plijabl] oubiler[ublije]
yeux[jø] yaourt[jaurt]
Lyon[lijɔ̃]
paye[pɛj] crayon[krɛjɔ̃] asseyez-vous[asɛje-vu] voyelle[vwajɛl] moyen[mwajɛ̃]
appuyer[apɥije] tuyau[tɥijo] ennuyer[ɑ̃nɥije]

【说明】

    a. -ill 字母组合有三种发音。

①在元音后，由于前面已经有一个元音，所以读作 [j]。如：mouiller [mu-je]（淋湿），veiller [vɛ-je]（看护）。

②在辅音字母后，由于前面没有元音，所以读作 [ij]。如：sillon [si-jɔ̃]（犁沟），piller [pi-je]（抢劫）。

③在个别单词中读作 [il]。如：ville [vil]（城市），Lille [lil]（里尔）等。

b. -il 有两种发音。

①在词末辅音后，读作 [il]。如：profil [prɔ-fil]（侧面）。

②在词末元音后，读作 [j]。如：réveil [re-vɛj]（醒来），accueil [a-kœj]（接待）。

c. -ien 是一个组合，读作 [jɛ̃]。特别需要注意的是其中的 en 不读作 [ɑ̃]。如：bien [bjɛ̃]（好），chien [ʃjɛ̃]（狗）。动词 venir（来），tenir（拿着）以及以这两个动词为词根的派生动词和名词都按照这个方法发音。如：Il vient. [il-vjɛ̃]（他来。）Il me soutient. [il-mə-su-tjɛ̃]（他支持我。）名词如：entretien [ɑ̃tr-tjɛ̃]（面试）。但名词中的 -ient 仍读作 [jɑ̃]。如：client [kli-jɑ̃]（顾客）。

[ɥ]

发音口形	发音要领
发音部位和开口度与[y]基本相同。	[ɥ]是半元音，也叫半辅音。发音方法与[y]基本相同，但发音短促，肌肉更紧张，气流通道狭窄，气流通过时产生摩擦。

常见拼写方式	例词
u＋元音	huit八，suave甜蜜的，juin六月

【发音练习】

huit[ɥit]　suave[sɥav]　juin[ʒɥɛ̃]

【说明】

字母 u 的发音方法有多种。

①在词首或在词中，且前后都是辅音字母，读作 [y]。如：usine [y-zin]（工厂），Lune [lyn]（月亮）。

②ou 组合，在词首或单词中，且前后都是辅音字母，读作 [u]。如：ouvrir [u-vrir]（打开），doute [dut]（疑问）。

③与 m、n 组合构成鼻化元音 um、un，读作 [œ̃]。如：parfum [par-fœ̃]（香水），un [œ̃]（一）。

④与 q 组合成清辅音 qu，读作 [k]。如：quelque [kɛlk]（某个）。在与"水"和"赤道"相关的单词中，qu＋a 组合中的 u 读作 [w]。如：équateur [e-kwa-tœr]（赤道），aquarium [a-kwa-rjɔm]（水族馆）。

⑤与 g 组合成浊辅音，读作 [g]。如：guide [gid]（指南）。但是，在与"语言"相关

的词汇中，gui 读作 [gi]，gua 读作 [gwa]。如：linguiste [lɛ̃-gɥist]（语言学家），lingual [lɛ̃-gwal]（舌音的）。

[w]

发音口形	发音要领
发音部位和开口度与[u]基本相同。	[w]是半元音，也叫半辅音。发音方法与[u]基本相同，但发音短促，肌肉更紧张，气流通道狭窄，气流通过时产生摩擦。

常见拼写方式	例词
ou＋元音	louer租用，oui是，douane海关
w在外来语中	week-end周末，tramway有轨电车
oi, oî, oy读[wa]	moi我，toi你，boîte盒，Leroy勒鲁瓦
oe，oê读[wa]	moelle骨髓，poêle火炉
oin读[wɛ̃]	point点，moins比不上，soin关心

【发音练习】

louer[lwe]　oui[wi]　douane[dwan]

week-end[wikɛnd]　tramway[trɑ̃we]

moi[mwa]　toi[twa]　boîte[bwat]　Leroy[lərwa]

moelle[mwal]　poêle[pwal]

point[pwɛ̃]　moins[mwɛ̃]　soin[swɛ̃]

【说明】

a. 在 oe 的字母组合中，首先注意这两个字母是分开的，不是连在一起的，与音素 [œ] 写法不同，发音也不同（音素是连在一起没有间隔的）。另外，应该注意 e 上是否有特殊音符，这决定了这个组合发什么音。如：poète [pɔ-ɛt]（诗人），poésie [pɔ-e-zi]（诗歌），Noël [nɔ-ɛl]（圣诞节）。

b. 在个别单词中，qu＋a 组合中的 u 读作 [w]。如：équateur [e-kwa-tœr]（赤道），aquarium [a-kwa-rjɔm]（水族馆）。

G. 元音第四组：鼻化元音 [ɑ̃] [ɔ̃] [ɛ̃]＝[œ̃]

鼻化元音由元音字母加 n 或 m 构成。一般情况下，鼻化元音后面不能有元音字母，也不能有字母 m 或 n。如果出现则取消鼻化元音的发音，还原成元音辅音分开发音，试比较 nation [nasjɔ̃] 和 national [nasjɔnal]。由元音字母加 m 构成的鼻化元音一般出现在字母 p、b 前或在词末，由元音字母加 n 构成的鼻化元音一般出现在其他辅音字母前或词末。

[ã]

发音口形	发音要领
○	发音部位与[a]相近，但舌略向后缩，开口度稍大，气流从口腔和鼻腔冲出，构成鼻音。

常见拼写方式	例词
an，am	dans在，chanter唱歌，lampe灯，chambre房间，Adam亚当
en，em	enfant孩子，lent缓慢的，temps时间，ensemble一起
"en+n"在词首	enneiger以雪覆盖，ennoblir使高尚，ennuyer无聊（但ennemi [enmi]敌人）
"en+元音"在少数词的词首	enorgueillir骄傲，enivrer喝醉
"em+m"在词首	emménager搬迁，emmener带去
aon，aen	paon孔雀，Caen卡昂
(i)en(t)在名词或形容词中	orient东方，patient耐心的

【发音练习】

dans[dã]　chanter[ʃãte]　lampe[lãp]　chambre[ʃãbr]　Adam[adã]
enfant[ãfã]　lent[lã]　temps[tã]　ensemble[ãsãbl]
enneiger[ãneʒe]　ennoblir[ãnɔblir]　ennuyer[ãnɥije]
emménager[ãmenaʒe]　emmener[ãmne]
paon[pã]　Caen[kã]
Orient[ɔrjã]　patient[pasjã]

【说明】

　　a. 鼻化元音通常是由一个元音字母＋n或m组合而成的，如果后面还有一个元音字母或n、m，就使构成鼻化元音的n或m与前面的元音字母分离，使鼻化元音失去原来的性质。如：Anne [an]（安娜），ennemi [ɛn-mi]（敌人），femme [fam]（女人）。

　　b. 当en和em作为前缀时，即使后面跟有元音字母或n、m，en和em继续保持[ã]的发音不变。如：enorgueillir[ã-nɔr-gœ-jir]（使骄傲），emmener [ã-mə-ne]（带走）。

　　c. 在从英语借用过来的外来语单词中，-an通常读作 [an]。如：superman [sy-pɛr-man]（超人）。

　　d. 在一些以 -an、-am、-en结尾的外国人名中，-an通常读作 [an]，-am读作 [am]，-en读作 [ɛn]。如：Johan [ʒɔ-an]（约翰），William [wi-ljam]（威廉），Carmen [kar-mɛn]（卡门）。

　　e. 如果在鼻化元音后跟随的是辅音字母p或b，则前面的鼻化元音基本上都是由元音字母＋m 构成的。如：chambre[ʃɑ̃br]（卧室），impossible [ɛ̃-pɔ-sibl]（不可能的）。

f. -ent 作为动词变位的第三人称复数结尾不发音，但是前面的辅音字母要发音。如：Ils partent. [il-part]（他们出发了。）

[ɔ̃]

发音口形	发音要领
	发音时，舌尖离开下齿，舌略向后缩，口型与[o]相同，气流从口腔和鼻腔冲出，构成鼻音。

常见拼写方式	例词
on	mon我的，ton你的，bonjour你好
om	tomber摔倒，pompe泵，nom名字
un, um在某些拉丁文外来语中	secundo第二，lumbago腰疼

【发音练习】

mon[mɔ̃]　ton[tɔ̃]　bonjour[bɔ̃ʒur]

tomber[tɔ̃be]　pompe[pɔ̃p]　nom[nɔ̃]

secundo[səkɔ̃do]　lumbago[lɔ̃bago]

【说明】

a. 同 [ɑ̃] 一样，如果 [ɔ̃] 后面还有一个元音字母或 n、m，就使构成鼻化元音的 n 或 m 与前面的元音字母分离，使鼻化元音失去原来的性质。如：sonner [sɔ-ne]（鸣响），comme [kɔm]（如同），omettre [ɔ-mɛtr]（取消）。

b. 在少数拉丁语词中，un、um 读作 [ɔ̃]。如：secundo [sə-gɔ̃-do]（第二），lumbago [lɔ̃-ba-go]（腰痛）。

[ɛ̃]

发音口形	发音要领
	发音部位与[ɛ]相同，但气流从口腔和鼻腔冲出，构成鼻音。

常见拼写方式	例词
in, im	vin红酒，impossible不可能的，immangeable不能吃的，immanquable不可缺少的
yn, ym	syndicat工会，sympathique给人好感的
un	aucun没有，brun棕色，lundi星期一
um	humble谦虚的
um在少数词的词末	parfum香水
ain, aim	pain面包，faim饿
ein, eim	plein满的，Reims（s发音）兰斯
"i, y或é+en" 在词末	bien好，moyen中等的，européen欧洲的
en在某些拉丁文和外来词中	examen考试，agenda记事本，mémento手册，pentagone五边形
eun在个别词中	à jeun空腹

【发音练习】

vin[vɛ̃]   impossible[ɛ̃pɔsibl]   immangeable[ɛ̃mɑ̃ʒabl]
immanquable[ɛ̃mɑ̃kabl]
syndicat[sɛ̃dika]   sympathique[sɛ̃patik]
aucun[okɛ̃]   brun[brɛ̃]   lundi[lɛ̃di]
humble[ɛ̃bl]
parfum[parfɛ̃]
pain[pɛ̃]   faim[fɛ̃]
plein[plɛ̃]   Reims[rɛ̃s]
bien[bjɛ̃]   moyen[mwajɛ̃]   européen[ørɔpeɛ̃]
examen[ɛgzaɛ̃]   agenda[aʒɛ̃da]   mémento[memɛ̃to]
pentagone[pɛ̃tagɔn]
à jeun[a-ʒɛ̃]

【说明】

a. 同 [ɑ̃] 一样，如果 [ɛ̃] 后面还有一个元音字母或 n、m，就使构成鼻化元音的 n 或 m 与前面的元音字母分离，使鼻化元音失去原来的性质。如：innocent [i-nɔ-sɑ̃]（无辜的），immobile [i-mɔ-bil]（不动的），certaine [sɛr-tɛn]（确定的），synonyme [si-nɔ-nim]（同义词），symétrie [si-me-tri]（对称）。

b. 当im-作为前缀使用时，个别词中的 im 虽然后面跟有 m，但仍保持原来的发音不变。如：immangeable[ɛ̃-mɑ̃-ʒable]（不能吃的），immanquable [ɛ̃-mɑ̃-kabl]（不可缺少的）。

c. -ien 和 -éen 是法语常见的一种构词组合，其中的 en 不再读作 [ã]，而读作 [ɛ̃]，如：chien [ʃjɛ̃]（狗），Parisien [pa-ri-sjɛ̃]（巴黎人）。动词 venir（来）、tenir（拿着）以及以这两个动词为词根的派生动词和名词都按照这个方法发音。如：Il vient. [il-vjɛ̃]（他来。）Il me soutient. [il-mə-su-tjɛ̃]（他支持我。）名词如：entretien [ãtr-tjɛ̃]（面试）。但在 -ient 组合的名词中，en 仍旧读作 [ã]，如：orient [ɔ-rjã]（东方），client [kli-jã]（顾客）。

◆ 比较 [ã]-[ɔ̃]-[ɛ̃]-[œ̃]

fantaisie	—	fond	—	faim	—	parfum
[fãtɛzi]		[fɔ̃]		[fɛ̃]		[parfœ̃]
paon	—	pont	—	pain	—	punk
[pã]		[pɔ̃]		[pɛ̃]		[pœ̃k]
prendre	—	prompte	—	empreinte	—	emprunt
[prãdr]		[prɔ̃t]		[ãprɛ̃t]		[ãprœ̃]
bambou	—	bonbon	—	bain	—	tribun
[bãbu]		[bɔ̃bɔ̃]		[bɛ̃]		[tribœ̃]
mamam	—	monter	—	main	—	commun
[mamã]		[mɔ̃te]		[mɛ̃]		[kɔmœ̃]

◆ 常用句型

Les bons comptes font les bons amis.
[le-bɔ̃-kɔ̃t-fɔ̃-le-bɔ̃-zami]
Bonjour, enchanté de vous rencontrer.
[bɔ̃ʒur-ãʃãte-də-vu-rãkɔ̃tre]
Les enfants adorent les bonbons.
[le-zãfã-adɔr-le-bɔ̃bɔ̃]
Pendant les vacances, il y a plein d'Européens qui vont à la campagne et à la montagne.
[pãdã-le-vakãs, ilja-plɛ̃-døropeɛ̃-ki-vɔ̃-a-la-kãpaɲ-e-a-la-mɔ̃taɲ]

H. 辅音第三组：[l] [m] [n]

[l]

发音口形	发音要领
发音时舌尖抵上齿龈，形成阻塞，气流从舌头两侧出来。	尖抵上齿龈形成阻塞，发音时声带振动，气流从抬起的舌尖两侧出来，同时放下舌尖。

常见拼写方式	例词
l, ll	lire读，plaît使喜欢，ville城市，mille一千
l在词末	il他，fil线

【发音练习】

lire[lir]　plaît[plɛ]　ville[vil]　mille[mil]

il[il]　fil[fil]

【说明】

a. 词末的 l 通常发音。如：fil [fil]（线），il [il]（他），Nil [nil]（尼罗河）。下列几个常用单词词尾的 -l 不发音。如：gentil [ʒɑ̃-ti]（和蔼可亲的），outil [u-ti]（工具），sourcil [sur-si]（眉毛），fusil [fy-zi]（步枪），nombril [nɔ̃-bri]（脐），coutil [ku-ti]（人字斜纹布）。

b. 辅音后的 -ill 通常读作 [ij]，但下列几个单词中的 -ill 读作 [il]：ville [vil]（城市），village [vi-laʒ]（村庄），villa [vi-la]（别墅），mille [mil]（千），million [mi-ljɔ̃]（百万），milliard [mi-ljar]（十亿），tranquille [trɑ̃-kil]（安静的），distiller [dis-ti-le]（蒸馏），osciller [ɔ-si-le]（摇晃）。

[m]

发音口形	发音要领
双唇紧闭，软腭下降形成阻塞，气流从紧闭的双唇中冲出。	[m]是鼻辅音，发音时双唇肌肉不要紧张，舌根不要抬起，当气流从鼻腔外出时，靠声带振动发音。

常见拼写方式	例词
m, mm	Madame女士/夫人，mère妈妈，pomme苹果，immobile不动的

【发音练习】

Madame[madam]　mère[mɛr]　pomme[pɔm]　immobile[imɔbil]

【说明】

a. m 经常与其他元音字母组合成鼻化元音。如：am [ɑ̃]，em [ɑ̃]，aim [ɛ̃]，im [ɛ̃]，ym [ɛ̃]，um [ɛ̃]。所以在单词拼读的时候应该看一下 m 周围是否具备 [m] 音以外的其他发音条件。

b. 少数外来词中，词末的 m 前面虽有另一个元音字母，但是，m 还是单独发音。如：tam-tam [tam-tam]（鼓声），ura-nium [y-ra-njɔm]（铀）。

c. 法语单词的字母组合中有"元音＋mm＋元音"的情况，大部分情况下只发一个音 [m]。如：pomme [pɔm]（苹果），immédiat [i-me-dja]（直接的）。但少数带有前缀 emm＋元音和 imm＋元音的单词有另一种发音，emm- 仍读作 [ɑ̃m]，imm- 仍读作 [ɛ̃m]。

如：emmener [ã-mə-ne]（带走），immanquable [ɛ̃-mã-kabl]（必然的）。

d. 法语单词中还有 mn 组合，通常各自都发音，读作 [mn]。如：amnistie [am-nis-ti]（特赦），hymne [imn]（颂歌）。

但是个别单词中的 mn 组合只有 n 发音，读作 [n]。如：automne [o-tɔn]（秋天），condamner [kɔ̃-da-ne]（判决）。

[n]

发音口形	发音要领
舌尖抵上齿龈，软腭下降形成阻塞，气流同时从鼻腔和口腔冲出，同时放下舌尖。	[n]是鼻辅音，发音时舌尖肌肉紧张，当气流从鼻腔外出时，靠声带振动发音。发音的同时舌头离开上齿龈。

常见拼写方式	例词
n, nn	nous我们，niveau水平，année年
mn	automne秋天，condamner判决

【发音练习】

nous[nu]   niveau[nivo]   année[ane]

automnes[otɔn]   condamner[kɔ̃dane]

【说明】

a. n 经常与其他元音字母组合成鼻化元音。如：an [ã]，en [ã]，ain [ɛ̃]，in [ɛ̃]，yn [ɛ̃]，un[œ̃]。所以在单词拼读的时候应该看一下 n 周围是否具备 [n] 音以外的其他发音条件。

b. 少数外来词中，词末的 n 前面虽有另一个元音字母，但 n 还是单独发音。如：Carmen [kar-mɛn]（卡门），Superman [sy-pɛr-man]（超人）。

c. 法语单词的字母组合中有"元音 + nn + 元音"的情况，大部分情况下只发一个音 [n]。如：panne [pan]（故障），annoncer[a-nɔ̃-se]（宣告），inédit [i-ne-di]（从未发表过的）。但少数带有前缀"enn + 元音"的单词有另一种发音，enn- 仍读作 [ãn]。如：enneigé [ã-nɛ-ʒe]（盖着雪的），ennui [ã-nɥi]（烦恼）。

4. 辅音第四组：[ɲ] [r]

[ɲ]

发音口形	发音要领
舌尖抵上齿龈，舌面抬起，紧贴硬腭形成阻塞。	发音时舌中部抬高，接触到硬腭，软腭下降，让气流从鼻腔外出。

常见拼写方式	例词
gn	Agnès阿涅斯，montagne山，campagne山村

1.1 语音规则 · 43 ·

【发音练习】

Agnès[aɲɛs]　montagne[mɔ̃taɲ]　campagne[kɑ̃paɲ]

【说明】

a. [ɲ] 是鼻辅音，用舌尖抵下齿龈，舌中部抬起接触到硬腭形成阻塞，让气流从鼻腔外出而发出鼻辅音，这个音有点像汉语的"捏"。

b. 这个音是由 gn 两个辅音字母组合而成的，通常都读作 [ɲ]。但是在个别词中，gn 读作 [gn]。如：stagnant [stag-nɑ̃]（萧条的），cognition [kɔg-ni-sjɔ̃]（识别），Wagner [vag-nɛr]（瓦格纳）。

[r]

发音口形	发音要领
舌尖抵下齿，舌后部略抬起，气流通过时小舌颤动，声带要振动。发音时关键要放松喉部，让气流通过时产生小舌振动。	发音时舌尖抵下齿，舌后部抬高，靠近软腭和小舌，形成一个狭窄的空隙，气流从这个空隙通过，同时发生摩擦，声带振动发音。

常见拼写方式	例词
r，rr，rh	rue路，verre杯子，rhinocéros（s发音）犀牛
r在词末	voir看，finir结束

【发音练习】

rue[ry]　verre[vɛr]　rhinocéros[rinɔserɔs]

voir[vwar]　finir[finir]

【说明】

a. 词末的 r 的发音通常有三种情况。

①作为第一组规则动词的结尾，-er 读作 [e]。如：parler [par-le]（说话），arriver [a-ri-ve]（到达）。

②作为名词、动词或形容词的词尾，-r 通常发音。如：cher [ʃɛr]（昂贵的），fer [fɛr]（铁），finir [fi-nir]（结束）。

③有一些形容词以 -er 结尾，读作 [e]。如：premier [prə-mje]（第一的），étranger [e-trɑ̃-ʒe]（外国的）。

b. r 经常出现在 b、p、d、t、f、v、g、c、k 这几个辅音字母后面，组成辅音群 br、pr、dr、tr、fr、vr、gr、cr、kr，划分音节时构成辅音群的两个辅音字母作为一个音素，不可拆开，读音时也不能拆开来读。如：embrasser [ɑ̃-bra-se]（拥抱），professeur [prɔ-fɛ-sœr]（教师），vraiment [vrɛ-mɑ̃]（真正地），France [frɑ̃s]（法国）。

J. 特殊读音规则

◆ x 的发音

a. 在"元音 + x + 辅音字母"组合中，或 x 在词末，读作 [ks]。

texte [tɛkst]（文章）　　　　　expliquer [ɛksplike]（解释）
exprimer [ɛksprime]（表达）　　exclure [ɛksklyr]（排除）
exprès [ɛksprɛ]（故意地）　　　fax [faks]（传真）
télex [telɛks]（用户直通电报）　Marx [marks]（马克思）

不符合此规则的有 taxi [tak-si]（出租车），luxe [lyks]（奢侈），axe [aks]（轴线），taxe [taks]（税款），以及这些词的派生词。

b. 在词首 ex、inex 中，且后面跟随元音，读作 [gz]。

exercice [ɛgzɛrsis]（练习）　　　exemple [ɛgzɑ̃pl]（例子）
examen [ɛgzamɛ̃]（考试）　　　　inexact [inɛgzakt]（不准确的）
inexistence [inɛgzistɑ̃s]（不存在）　inexorable [inɛgzɔrabl]（无情的）

c. 在少数词中读作 [s]。

six [sis]（六）　　　　　　　　dix [dis]（十）
soixante [swasɑ̃t]（六十）　　　Bruxelles [brysɛl]（布鲁塞尔）

d. 在少数词中读作 [z]。

deuxième [døzjɛm]（第二）　　　sixième [sizjɛm]（第六）
dixième [dizjəm]（第十）　　　　dix-huit [di-zyit]（十八）
dix-neuf [diz-nœf]（十九）　　　dix-huitième [di-zyitjɛm]（第十八）

◆ y 的发音

a. 前后都是辅音时读作 [i]。

style [stil]（风格）　　　　　　bicyclette [bisiklɛt]（自行车）
système [sistɛm]（系统）　　　　gymnastique [ʒimnastik]（体操）

b. 在元音前读作 [j]。

il y a [i-lja]（有，存在）　　　yeux [jø]（眼睛）
yacht [jɔt]（游艇）　　　　　　yoga [jɔga]（瑜伽）

c. 在两个元音之间，分解为 i + i，前一个 i 与前面的元音组合，后面的 i 读作 [j]。

crayon [krɛ-jɔ̃]（铅笔）　　　　moyen [mwa-jɛ̃]（中等的）
essayer [e-sɛ-je]（尝试）　　　 payable [pɛ-jabl]（应支付的）

d. 与其他元音或辅音字母组合中，构成其他音素。

tramway [tra-mwɛ]（有轨电车）　trolley [trɔ-lɛ]（无轨电车）
loyal [lwa-jal]（忠诚的）　　　 sympathique [sɛ̃-pa-tik]（热情的）

e. 在少数词，特别是在专有名词中，读作 [j]。

mayonnaise [ma-jɔ-nɛz]（蛋黄酱）
bayer [ba-je]（张口呆望）

gruyère [gry-jɛr]（格鲁耶尔干酪）
La Fayette [la-fa-jɛt]（拉法耶特）
Himalaya [i-ma-la-ja]（喜马拉雅）
Goya [gɔ-ja]（戈雅）

◆ il 和 ill 的发音
a. -il 在词末辅音后读作 [il]。

fil [fil]（线） mil [mil]（千）
Nil [nil]（尼罗河） Brésil [brezil]（巴西）
subtil [sybtil]（灵敏的） puéril [pyeril]（稚气的）

b. -il 在词末元音后读作 [j]。

travail [tra-vaj]（工作） réveil [re-vɛj]（醒）
soleil [sɔ-lɛj]（太阳） œil [œj]（眼睛）
accueil [a-kœj]（接待） écureuil [e-ky-rœj]（松鼠）

c. -il 在个别词的词末辅音后读作 [i]。

outil [u-ti]（工具） fusil [fy-zi]（步枪）
gentil [ʒɑ̃-ti]（可爱的） coutil [ku-ti]（人字斜纹布）
sourcil [sur-si]（眉毛）

d. -ill 在元音后读作 [j]。

bataille [ba-taj]（战斗）
ensoleiller [ɑ̃-sɔ-lɛ-je]（使阳光照耀）
accueillir [a-kœ-jir]（迎接）
travailler[tra-va-je]（工作）

e. -ill 在辅音后读作 [ij]。

fille [fij]（女孩） billet [bi-jɛ]（票）
piller [pi-je]（掠夺） griller [gri-je]（烘烤）

f. -ill 在少数词中读作 [il]。

ville [vil]（城市） village [vi-laʒ]（村庄）
villa [vi-la]（别墅） mille [mil]（千）
million [mi-ljɔ̃]（百万） milliard [mi-ljar]（十亿）
tranquille [trɑ̃-kil]（安静的） osciller [ɔ-si-le]（摇晃）

◆ "辅音群＋i＋元音"的发音

如果元音字母 i 在辅音群 pl、bl、tr、dr、cl、gl、fr、vr、cr(chr)、gr 后，后面还有元音，这时的 i 应读作 [ij]，划分音节时辅音群按照一个音素对待，不能拆开。

pli [pli]（褶皱） — plier [pli-je]（弯曲）
cri [kri]（叫喊） — crier [kri-je]（叫喊）

oubli [u-bli]（忘记）— oublier [u-bli-je]（忘记）
tri [tri]（挑选）— trier [tri-je]（挑选）

◆ ien 的发音
a. -ien 中的 en 不读作 [ã]，而读作 [ɛ̃]。-ien 读作 [jɛ̃] 的条件是后面没有元音字母或者 n、m，因为后面的元音字母或 n、m 会解除鼻化元音。
chien [ʃjɛ̃]（公狗）— chienne [ʃjɛn]（母狗）
magicien [ma-ʒi-sjɛ̃]（男魔术师）— magicienne [ma-ʒi-sjɛn]（女魔术师）
b. 法语动词 venir（来）和 tenir（拿着）的变位形式中的 -ient 也读作 [jɛ̃]。
il vient [il-vjɛ̃]（他来）　　　　　　　　il tient [il-tjɛ̃]（他拿着）
这两个动词的派生词中的 -ien 也读作 [jɛ̃]。
il maintient [il-mɛ̃-tjɛ̃]（他保持，动词）　　maintien [mɛ̃-tjɛ̃]（保持，名词）
不符合这个规则的单词有 orient [ɔ-rjã]（东方），client [kli-jã]（顾客），以及这两个词的派生词。

◆ oin 的发音
a. -oin 也是法语构词法中常见的一种字母组合，其中的 in 仍读作 [ɛ̃]，但是 o 却读作半元音 [w]。-oin 读作 [wɛ̃] 的条件是后面没有元音字母或 n、m，其道理与鼻化元音的发音条件相同。
moins [mwɛ̃]（更少）— moine [mwan]（僧侣）
b. 不要把 -oin 与 -oïn 混淆在一起，其中的 ï 的分音符使 in 与前面的 o 分开发音。
coin [kwɛ̃]（角落）— coïncidence [kɔ-ɛ̃-si-dãs]（巧合）

◆ "ti ＋元音" 的发音
"ti ＋元音" 是法语构词法中常见的字母组合之一，其中的 t 发生发音变化，称为音变现象。音变有软化和腭化两种。软化发 [s]，注音时写作 [s]；腭化发 [ts] 音，类似于汉语的 "机" 音，但发音时带有摩擦，注音时仍写作 [t]。
a. ti ＋ e 在词末读作 [si]。
bureaucratie [by-ro-kra-si]（官僚作风）　　démocratie [de-mɔ-kra-si]（民主）
diplomatie [di-plɔ-ma-si]（外交）　　　　acrobatie [a-krɔ-ba-si]（杂技）
aristocratie [a-ris-tɔ-kra-si]（贵族）　　minutie [mi-ny-si]（仔细）
不符合这个规则的单词有 partie [par-ti]（部分）。
如果前面有 s，词末的 tie 仍读作 [ti]。
plastie [plas-ti]（成形术）　　　　　　　dynastie [di-nas-ti]（朝代）
在 tia、tier、tieux、tion、tien 中，ti 读作 [sj]。
partial [par-sjal]（偏心的）　　　　　　initier [i-ni-sje]（开始）

ambitieux [ã-bi-sjø]（雄心勃勃的） nation [na-sjɔ̃]（民族）
patience [pa-sjãs]（耐心） balbutier [bal-bu-sje]（结巴）
b. 如果前面有 s，"ti + 元音"就会发生腭化音变，发音类似汉语的"机"，用 [t] 来标注。
question [kɛs-tjɔ̃]（问题）
costière [kɔs-tjɛr]（舞台布景滑槽）
forestier [fɔ-rɛs-tje]（森林的）
c. 在 ti + er、ti + è、ti + é、ti + en 中，ti 通常读作"机"，用 [t] 来标注。
charcutier [ʃar-ky-tje]（猪肉商） amitié [a-mi-tje]（友谊）
huitième [ɥi-tjɛm]（第八） septième [sɛ-tjɛm]（第七）
tiers [tjɛr]（第三） entier [ã-tje]（整个的）
tiède [tjɛd]（微温的） tien [tjɛ]（你的）

◆ 两个相同辅音的发音
a. cc 的发音
如果 cc 后面跟随的字母是 a、o、u，则 cc 并在一起读作 [k]。
accabler [a-ka-ble]（使难以忍受）
accord [a-kɔr]（同意）
accuser [a-ky-ze]（指控）
如果后面跟随的字母是 e、i、y，则 cc 各自都发音，读作 [ks]，如：
accès [ak-sɛ]（进入） accident [ak-si-dã]（事故）
b. gg 的发音
如果 gg 后面跟随的字母是 a、o、u 或辅音字母，则 gg 并在一起读作 [g]。
agglomération [a-glɔ-me-ra-sjɔ̃]（堆积） aggraver [a-gra-ve]（加重）
如果 gg 后面跟随的字母是 e、i、y，则 gg 各自都发音，读作 [gʒ]。
suggérer [syg-ʒe-re]（启示）
c. 如果相同的两个辅音字母分属于两个不同的单词，则各自都要发音，否则会带来意义上的变化。
Il le dit. [il-lə-di]（他说了这个。）— Il dit. [il-di]（他说。）
当分属于两个不同单词的相同辅音遇到一起时，前一个辅音的发音不走完全过程，在半程多一点的地方就开始第二个辅音的发音，而第二个辅音的发音过程是完整的。
Madame Merlin [ma-dam-mɛr-lɛ̃]（麦尔兰夫人）— Madame Bally [ma-dam-ba-li]（巴里夫人）
Elle a fait le ménage. [ɛ-la-fɛl-me-naʒ]（她做了家务。）— Elle l'a fait. [ɛl-la-fɛ]（她做过这个了。）

K. e 不发音的情况
a. 在词尾。
une belle femme brune [yn-bɛl-fam-bryn]（一个棕色头发的美女）

Tu ne veux pas de viande? [tyn-vø-pad-vjɑ̃d]（你不要肉吗？）

b. 在 "元辅 + e + 辅元" 组合中。

samedi [sam-di]（星期六）　　　　médecin [med-sɛ̃]（医生）

c. 在与 e 不构成其他音素的元音前。这种情况通常是为了保持某种发音条件而加入字母 e。

Jean [ʒɑ̃]（让）　　　　　　　　　Georges [ʒɔrʒ]（乔治）

pigeon [pi-ʒɔ̃]（鸽子）　　　　　　mangeons [mɑ̃-ʒɔ̃]（我们吃）

d. 在节奏组内，如果字母 e 位于 "元辅 + e + 辅元" 的关系当中，这种 e 也不发音。

tout le monde [tul-mɔ̃d]（大家）　　la fenêtre [laf-nɛtr]（窗户）

chez le boucher [ʃel-buʃe]（在肉店）　dans le salon [dɑ̃l-salɔ̃]（在大楼里）

e. 在句中，如果字母 e 位于 "元辅 + e + 辅元" 的关系当中，这种 e 也不发音。

Donne-moi le livre. [dɔn-mwal-livr]（把书给我。）

Il va se raser. [il-va-sraze]（他去刮胡子。）

Il n'y a pas de sucre. [il-nja-pad-sykr]（没有糖。）

Le cours vient de commencer. [lәkur-vjɛ̃d-kɔ-mɑ̃-se]（课刚开始。）

f. 如果在一个句子的头两个音节中有两个 e，通常保留第一个 e 的发音，不发第二个 e。

le petit homme [lә-pti-tɔm]（小个子男人）

Ne te lève pas. [nәt-lɛv-pa]（你别起来了。）

当今法语的口语中，如果出现上述情况，第一个 e 也可能不发音，这样说话的速度就更快了。

le petit homme [lpti-tɔm]（小个子男人）

g. 在以第一人称单数 je 开始的句子中，如果 je 后面的单词以浊辅音开始，je 读作 [ʒ]。

Je vous demande pardon. [ʒvu-dmɑ̃d-par-dɔ̃]（我请您原谅。）

Je dois partir. [ʒdwa-par-tir]（我该走了。）

如果 je 后面的单词以清辅音开始，je 读作 [ʃ]。

Je pars. [ʃpar]（我走了。）

Je sais qu'il est parti hier. [ʃse-ki-lɛ-par-ti-jɛr]（我知道他昨天走的。）

如果 je 后面的音节里也有一个 e，与前面不同的是这第二个 e 要发音。

Je te l'ai dit. [ʃtә-le-di]（我跟你说过了。）

◆ 比较

Je prends le bus. [ʃprɑ̃-lә-bys]（我坐公交车。）

Je fais ce que je peux. [ʃfɛ-skә-ʃpø]（我做力所能及的事。）

Je veux te dire une chose. [ʒvø-tә-dir-yn-ʃoz]（我要跟你说一件事。）

Je vais chez le docteur. [ʒve-ʃel-dɔktœr]（我去看大夫。）

1.读音基本规则表

字母	音素	读音规则说明	例词
a, à, â	[a]		ma[ma], là[la], âne[an]
ai, aî	[ɛ]		lait[lɛ], maître[mɛtr]
aim, ain	[ɛ̃]	*	faim[fɛ̃], pain[pɛ̃]
am, an	[ã]	*	lampe[lãp], enfant[ãfã]
au	[o]		auto[oto], mauvais[movɛ]
	[ɔ]	在r前及少数词中	restaurant[rɛstɔrã],
b	[b]		balle[bal]
c	[s]	在e, i, y前	ceci[səsi], cycle[sikl]
	[k]	在a, o, u及辅音字母前；在词末	car[kar], coco[kɔko],
ç	[s]		français[frãsɛ]
cc	[k]	在a, o, u及辅音字母前	cube[kyb], clé[kle], sac[sak]
			occuper[ɔkype], accrocher[akrɔʃe]
	[ks]	在e, i, y前	accent[aksã], accident[aksidã]
ch	[ʃ]		chaise[ʃɛz]
d	[d]		madame[madam]
e	[ɛ]	在闭音节中 在相同两个辅音字母前	sel[sɛl] elle[ɛl]
	[ə]	在单音节词末 在词首开音节 "辅音+辅音+e+辅音"	le[lə] menu[məny] mercredi[mɛrkrədi]
	不发音	在词末 在元音字母前或后 "元音+辅音+e+辅音+元音"	tasse[tas] Jean[ʒã], soierie[swari] médecin[medsɛ̃]
é	[e]		bébé[bebe]
è ê	[ɛ]		frère[frɛr], même[mɛm]
eau	[o]	*	bateau[bato]
ei	[ɛ]	*	peine[pɛn]
ein	[ɛ̃]	在词末	teint[tɛ̃]
em en	[ã]	在单音节词中	ensemble[ãsãbl]
er	[e]	在词末	fumer[fyme]
es	[e]		mes[me]
et	[ɛ]		filet[filɛ]
eu	[ø]	在词末开音节或[z]前	deux[dø], chanteuse[ʃãtøz]
	[œ]	除上述两种情况外	facteur [faktœr]
ez	[e]	在词末	allez [ale]

续表

字母	音素	读音规则说明	例词
f g gn gu h	[f] [ʒ] [g] [ɲ] [g] 不发音	 在e, i, y前 在a, o, u及辅音字母前 在e, i前	face [fas], gêne[ʒɛn], gîte[ʒit] gymnase[ʒimnaz] gamin[gamɛ̃], gomme[gɔm] gros[gro] ligne[liɲ] guide[gid], bague[bag] hôtel [otɛl]
i î, ï ien il ill im, in	[i] [j] [ij] [i] [jɛ̃] [j] [j] [ij] [ɛ̃]	 在元音前 "辅音群＋i＋元音" * 在元音后并在词末 在元音后 在辅音后 * 	lit [li] piano [pjano] crier [krije] île[il], naïf[naif] bien [bjɛ̃] travail[travaj] veille[vɛj], maillot[majo] fille[fij], billet [bijɛ] simple[sɛ̃pl], magasin[magazɛ̃]
j k l m n	[ʒ] [k] [l] [m] [n]		journal [ʒurnal] kilo [kilo] lavabo [lavabo] madame [madam] natal[natal]
o ô œ oi, oî oin om, on ou	[o] [ɔ] [o] [ø] [œ] [wa] [wɛ̃] [ɔ̃] [u] [w]	在词末开音节或[z]前 除上述两种情况外 在词末开音节 除上述情况外 * * 在元音前	stylo[stilo], chose[ʃoz] pomme[pɔm] hôtel [otɛl] voeu [vø] bœuf[bœf] loi[lwa], boîte[bwat] loin[lwɛ̃] tombe[tɔ̃b], bonbon [bɔ̃bɔ̃] nous [nu] oui[wi]
où, oû oy	[u] [waj]	 在元音前	où[u], goût[gu] voyage[vwajaʒ]

续表

字母	音素	读音规则说明	例词
p	[p]		pipe[pip]
ph	[f]		photo[fɔto]
q	[k]		cinq[sɛ̃k]
qu	[k]		quand[kã]
r	[r]		rose[roz]
s	[s]		sac[sak]
	[z]	在两个元音字母中间	chose[ʃoz]
sc	[s]	在e,i,y前	scène[sɛn], scie[si]
	[sk]	在a,o,u及辅音字母前	scolaire[skɔlɛr], esclave[ɛsklav]
t,th	[t]		tôt[to], thé[te]
tion	[sjɔ̃]	在词末	nation[nasjɔ̃]
	[tjɔ̃]	t前有s	question[kɛstjɔ̃]
u	[y]		salut[saly]
	[ɥ]	在元音前	nuit[nɥi]
û	[y]		mûr[myr]
um,un	[œ̃]	*	parfum[parfœ̃], lundi[lœ̃di]
v	[v]		valise[valiz]
w	[v]		wagon [vagɔ̃]
	[w]		whisky[wiski]
x	[ks]		taxi[taksi], texte[tɛkst]
	[gz]	在词首ex中，后随元音	exemple[ɛgzãpl]
	[s]	在少数词中	six[sis], dix[dis]
	[z]	在少数词中	deuxième[dœzjɛm]
y	[i]		stylo[stilo]
	[ij]	在两个元音字母中间	crayon[krɛjɔ̃]
ym,yn	[ɛ̃]	*	symbole[sɛ̃bɔl], syndicat[sɛ̃dika]
z	[z]		douze[duz]

* 鼻腔元音后不能有元音字母或 m、n，否则鼻腔音消失。

1.1.6 综合练习

A. 前元音对比练习[i-e-ɛ-a]

[i-e-ɛ-a]
pie — épé — paix — pas
bis — bébé — baisse — bas
dit — des — daine — date

[i-ɛ-a]
type — cèpe — tape
bible — verbe — arabe
guide — aide — façade

B. 中元音对比练习 [œ-ø]

[œ-ø]

peur — peu	beurre — bœufs
sœur — ceux	tricheur — tricheuse
cœur — queue	gueule — gueux

C. 后元音对比练习 [u-o-ɔ]

[u-o-ɔ]

tout — taux — tonne	doux — dos — donne
pou — peau — poste	bout — beau — bol
coup — cause — col	goût — go — gomme

D. 鼻化元音对比练习 [ɑ̃-ɔ̃-ɛ̃-œ̃]

[ɑ̃-ɔ̃-ɛ̃-œ̃]

lent — long — lin — lundi
fente — fonte — fin — parfum
dans — dont — daim — Verdun

[ɛ̃-ɛ]

sain — saine	vain — vaine
chien — chienne	sien — sienne
vient — viennent	moyen — moyenne

E. 爆破辅音对比练习 [p-b t-d k-g]

[p-b]

pain — bain	pont — bon
passe — basse	peau — beau
triple — trouble	peuple — bible

[t-d]

tôt — dos	tas — da
toit — doit	teinte — dinde
tes — des	ton — don

[k-g]

case — gaz	qui — gui
coupe — goutte	lac — vague
comme — gomme	quel — guelte
oncle — ongle	bac — bague

F. 鼻辅音对比练习 [m-n-ɲ]

[m-n-ɲ]

ma — na — magnat	mi — ni — signifier

molle — note — espagnol
mon — non — mignon

mes — nez — magnétique
mille — Nil — maligne

G. 边辅音对比练习 [r]

rat — art
rue — sur

raie — air
rez — ère

riz — cire
rot — or

H. 摩擦辅音对比练习 [f-v] [s-z] [ʃ-ʒ]

[f-v]

face — vase
foire — voir

fait — vers
fée — vais

faim — vin
fit — vie

[s-z]

sur — azur
Nice — mise

place — gaz
leçon — saison

adresse — treize
vice — vise

[ʃ-ʒ]

chaîne — gène
marche — marge

chasse — jazz
chou — joue

hache — âge
chute — juste

I. 半元音对比练习 [j-w-ɥ]

[j-w-ɥ]

ni — nous — nu
lit — loup — lu
assiette — mouette — muette
pliant — secouant — bruyant

nier — nouer — nuée
lier — louer — saluer
sérieux — boueux — ennuyeux
confiant — Rouen — fuyant

J. 辅音群练习

[pr-br]

pratique — bras
prix — brise

propre — sobre
prune — brume

prête — bref
prompt — bronze

[tr-dr]

trace — drame
triple — dribble

très — adresse
trouver — drousser

entrez — André
trois — droit

[kr-gr]

crise — grise
crier — griller

crève — grève
crime — grimace

cravate — gravité
crainte — grimpe

[fr-vr]

frac — vrac
offrande — ouvrage

frais — vrai
affres — havre

offre — ivre
chiffre — livre

K. 连音练习

a. 辅音与元音连音时，字母 s、x 读作 [z]，字母 f 读作 [v]，字母 g 读作 [k]，字母 d 读作 [t]。

Il a travaillé pendant une année. [i-la-travaje-pādā-y-nane] 他工作过一年了。

Dis-lui quelle heure il est. [di-lui-kɛ-lœr-i-lɛ] 告诉他现在是几点。

Cette usine est moderne. [sɛ-tyzin-ɛ-mɔdɛrn] 这是一个现代化的工厂。

Il est six heures. [i-lɛ-sizœr] 现在六点。

Elle a neuf ans. [ɛ-la-nœvā] 她九岁。

b. 元音与元音连音。

Elle va à la fac. [ɛl-vaa-la-fak] 她去大学。

Il a acheté un DVD. [i-laaʃte-œ̃-devede] 他买了一盘 DVD。

L. 联诵练习

a. 不定冠词、定冠词、主有形容词、指示形容词、泛指形容词、数词和疑问形容词与后面的名词之间要联诵。联诵时，字母 s、x 读作 [z]，字母 g 读作 [k]；形容词 bon 和以 -ain、-ein 或 -yen 为结尾的词联诵时失去鼻化元音，字母 n 与后面的元音连读。

un animal [œ̃-nanimal] 一个动物

des habits [de-zabi] 一些衣服

les années 80 [le-zane-katrəvẽ] 八十年代

mon ami [mɔ̃-nami] 我的朋友

son usine [sɔ̃-nyzin] 他的工厂

tes ennuis [te-zānui] 你的所有烦恼

leurs habitudes [lœr-zabityd] 他们的习惯

ces années-là [se-zane-la] 那些年

cet hôpital [sɛ-topital] 这家医院

tout instant [tu-tɛ̃stā] 时时刻刻

quelles entreprises [kɛl-zātrəpriz] 哪些企业

quelques instants [kɛlk-zɛ̃stā] 一会儿

un long hiver [œ̃-lɔ̃-kivɛr] 一个漫长的冬季

deux ans [dø-zā] 两年

trois heures [trwa-zœr] 三点，三个小时

un bon ami [œ̃-bɔ-nami] 一个好朋友

en plein été [ā-plɛ-nete] 盛夏

le Moyen Orient [lə-mwajẽ-nɔrjā] 中东

un certain individu [œ̃-sɛrtɛ-nẽdividy] 某个人

b. 代词主语与动词之间要联诵。

Nous avons faim. [nu-zavɔ̃-fɛ̃] 我们饿了。

Vous êtes francais ? [vu-zɛt-frāsɛ] 您是法国人吗?

On a fini. [ɔ̃-na-fini] 我们做完了。

Ils aiment le sport. [il-zɛm-lə-spɔr] 他们喜欢运动。

c. 当代词主语与后面的动词倒装时，如果动词以 t 或 d 结尾，应该与代词主语联诵，读作 [t]。

Sont-ils arrivés ? [sɔ̃-til-arive] 他们到了吗？
Est-elle contente ? [ɛ-tɛl-kɔ̃tãt] 她满意吗？
Peut-on partir ? [pø-tɔ̃-partir] 可以走了吗？
Doivent-ils partir ? [dwav-til-partir] 他们应该走吗？

d. 动词与代词主语倒装后，如果动词以元音字母结尾，需要在动词与代词主语之间加 -t-。

Où travaille-t-il ? [u-travaj-til] 他在哪里工作？
Où va-t-elle ? [u-va-tɛl] 她去哪里？
Écoute-t-on la radio ? [ekut-tɔ̃-la-radjo] 大家听广播吗？

e. 副词、介词后面的词之间要联诵。

très important [trɛ-zɛ̃portã] 非常重要
assez intéressant [ase-zɛ̃terɛsã] 相当有趣
trop aimable [tro-pɛmabl] 太可爱了
bien aimé [bjɛ̃-nɛme] 敬爱的
tout autour [tu-totur] 在周围
avec attention [avɛ-katãsjɔ̃] 认真地
chez elle [ʃe-zɛl] 在她家
chez un ami [ʃe-zœ̃-nami] 在一个朋友家
dans une usine [dã-zy-nyzin] 在一家工厂
sans histoire [sã-zistwar] 平安无事地
en Italie [ã-nitali] 在意大利
sous un arbre [su-zœ̃-narbr] 在一棵树下

f. 副代词 y 和 en 在动词前和动词后要联诵。代词与后面的动词要联诵。

Allez-y! [ale-zi] 去吧！
On y va ! [ɔ̃-ni-va] 我们走吧！
Nous y penserons. [nu-zi-pãsərɔ̃] 我们会想着这事的。
Allez-vous-en ! [ale-vu-zã] 走开！／滚开！
J'en ai pour deux minutes. [ʒã-ne-pur-dø-minyt] 我两分钟就好。
Je les ai vus hier. [ʒə-le-ze-vy-jɛr] 我昨天看见他们了。
Il nous a reçus. [il-nu-za-rəsy] 他接待了我们。

g. 助动词与过去分词之间要联诵。

Elles ont acheté des livres. [ɛlzɔ̃-taʃte-de-livr] 她们买了一些书。
On est allé à Paris. [ɔ̃-nɛ-tale-a-pari] 人们去了巴黎。

1.2 语音课文

1.2.1 LEÇON 1[ləsɔ̃-œ̃]

TEXTES texts
[tɛkst]
Qui est-ce? Who is this?
[ki-ɛs]

—Qui est-ce? [ki-ɛs] Who is this? —Qui est-ce? [ki-ɛs] Who is this?	—C'est Emma. [sɛ-ɛma] This is Emma. —C'est Nicolas. [sɛ-nikɔla] This is Nicolas.	Elle est l'amie de Marie. [ɛ-lɛ-lami-də-mari] She is the friend of Marie. Il est l'amie de Laura. [i-lɛ-lami-də-lɔra] He is the friend of Laura.
—C'est Julie? [sɛ-ʒuli] Is this Julie? —C'est David? [sɛ-davi] Is this David?	—Non, c'est Fanny. [nɔ̃] [sɛ-fani] No, this is Fanny. —Non, c'est Yves. [nɔ̃] [sɛ-iv] No, this is Yves.	

VOCABULAIRE vocabulary
[vɔkabylɛr]

Qui est-ce? [ki-ɛs] c'est... [sɛ] il [il] ami [ami]	Who is this? this/that/it is... he boy friend	de [də] elle [ɛl] aime [ami] non [nɔ̃]	of she girl friend no

INTONATION intonation
[ɛ̃tɔnasjɔ̃]

a. 只有一个节奏组的陈述句，语调逐渐下降。

C'est Phi-
_____lippe.

[sɛ-filip]
This is Philippe.

b. 有两个节奏组的陈述句，语调上升后下降。

Ce ___sont___ des ___caisses___ et des va-lises.

[sə-sɔ̃-de-kɛs-e-de-valiz]
These are boxes and suitcases.

c. 有两个以上节奏组的陈述句，只有在句末语调才下降。

Ce ___sont___ des ___chaises,___ des ___caisses___ et des va-lises.

[sə-sɔ̃-de-ʃɛz, de-kɛs-e-de-valiz]
These are chairs, boxes and suitcases.

d. 当句子谓语有宾语时，通常是谓语上升，宾语下降。

Robert lit bien l'anglais.

[rɔbɛr-li-bjɛ̃-lɑ̃glɛ]
Robert reads English well.

e. 若宾语后有状语等后置成分，则谓语连同宾语上升，后置成分下降。

Robert lit bien l'anglais en classe.

[rɔbɛr-li-bjɛ̃-lɑ̃glɛ-ɑ̃-klas]
Robert reads English well in class.

f. 若句末的成分较长，语调在下降前略上升。

Fanny　　　l'amie
　　　　est　　　　de
　　　　　　　　　　Philippe.

[fɑni-ɛ-lami-də-filip]
Fanny is the friend of Philippe.

CONVERSATION conversation
[kɔ̃vɛrsasjɔ̃]

—Comment allez-vous?	—Je vais très bien.
[kɔmɑ̃-tale-vu]	[ʒə-vɛ-trɛ-bjɛ̃]
How are you?	I'm pretty good.

EXERCICES exercises
[ɛgzɛrsis]

a. 分音素发音练习。

[i]	mie [mi]	Nice [nis]	lisse [lis]	disque [disk]	qui [ki]	cycle [sikl]
	Il lit à midi. He reads at noon. [il-li-a-midi]					
[a]	âme [am]	nasse [nas]	Lame [lam]	dada [dada]	canne [kan]	salle [sal]
	À table. At table. [a-tabl]					
[ɛ]	mais [mɛ]	naine [nɛn]	laide [lɛd]	mère [mɛr]	quelle [kɛl]	sec [sɛk]
	Elle aime le lait. She likes the milk. [ɛ-lɛm-le-lɛ]					

b. 朗读下列单词。

âme [am]	— âne [an]	sel [sɛl]	— Seine [sɛn]	sac [sak]	— caque [kak]
masse [mas]	— nasse [nas]	laine [lɛn]	— naine [nɛn]	quel [kɛl]	— sec [sɛk]
sème [sɛm]	— mène [mɛn]	selle [sɛl]	— saine [sɛn]	dame [dam]	— madame [madam]
mine [min]	— Nîme [nim]	mil [mil]	— lime [lim]	malade [malad]	— maladie [maladi]
manie [mani]	— l'ami [lami]	malice [malis]	— lanice [lanis]	salade [salad]	— escalade [ɛskalad]

c. 朗读下列句子，并注意语调。

—Qui est-ce? [ki-ɛs] Who is this? —Qui est-ce? [ki-ɛs] Who is this?	Philippe? [filip] Philippe? Alice? [alis] Alice?	—Non, c'est Yves. [nɔ̃] [sɛ-iv] No, this is Yves. —Non, c'est Nathalie. [nɔ̃] [sɛ-natali] No, this is Nathalie.	Il est l'ami de Nathalie. [i-lɛ-lami-də-natali] He is the friend of Nathalie. Elle est l'amie de Philippe. [ɛ-lɛ-lami-də-filip] She is the friend of Philippe.

1.2.2 LEÇON 2 [ləsɔ̃-dø]

TEXTES texts

[tɛkst]

Qu'est-ce que c'est? What is this?

[kɛs-kə-sɛ]

—Qu'est-ce que c'est ? [kɛs-kə-sɛ] What is this? —C'est une table. [sɛ-tyn-tabl] This is a table. —C'est une chemise. [sɛ-tyn-ʃəmiz] This is a shirt. —C'est une bouteille . [sɛ-ty-butɛj] This is a bottle. —C'est une porte. [sɛ-tyn-pɔrt] This is a door.	—Qu'est-ce que c'est ? [kɛs-kə-sɛ] What is this? —Ce sont des tables. [sə-sɔ̃-de-tabl] These are tables. —Ce sont des chemises. [sə-sɔ̃-de-ʃəmiz] These are shirts. —Ce sont des bouteilles. [sə-sɔ̃-de-butɛj] These are bottles. —Ce sont des portes. [sə-sɔ̃-de-pɔrt] These are doors.

—Qu'est-ce que c'est ?
[kɛs-kə-sɛ]
What is this?
—C'est un stylo.
[sɛ-tœ̃-stilo]
This is a pen.
—C'est un manuel.
[sɛ-tœ̃-manɥɛl]
This is a textbook.
—C'est un miroir.
[sɛ-tœ̃-mirwar]
This is a mirror.
—C'est un sac.
[sɛ-tœ̃-sak]
This is a bag.

—Qu'est-ce que c'est ?
[kɛs-kə-sɛ]
What is this?
—Ce sont des stylos.
[sə-sɔ̃-de-stylo]
These are pens.
—Ce sont des manuels.
[sə-sɔ̃-de-manɥɛl]
These are textbooks.
—Ce sont des miroirs.
[sə-sɔ̃-de-mirwar]
These are mirrors.
—Ce sont des sacs.
[sə-sɔ̃-de-sak]
These are bags.

VOCABULAIRE vocabulary
[vɔkabylɛr]

une [yn]	a	des [de]	some（复数不定冠词）一些
table [tabl]	table	un [œ̃]	a
chemise [ʃəmiz]	shirt	stylo [stilo]	pen
bouteille [butɛj]	bottle	manuel [manɥɛl]	textbook
porte [pɔrt]	door	miroir [mirwar]	mirror
ce sont [sə-sɔ̃]	these/those are	sac [sak]	bag

INTONATION intonation
[ɛ̃tɔnasjɔ̃]

a. 句子主语为名词，主语上升，接着谓语上升。

```
                                à
           habite          Pa-
Robert                         ris.
```
[rɔbɛr-abi-ta-pari]
Robert lives in Paris.

b. 句子主语为人称代词，连同谓语上升。

Il habite à Pa-ris.
[i-labi-ta-pari]
He lives in Paris.

c. 倘若谓语后接副词，升调则在副词上。

Robert parle bien français.
[rɔbɛr-parl-bjɛ̃-frɑ̃sɛ]
Robert speaks French well.

d. 上述情况若无后置成分，则语调下降。

Il parle bien.
[il-parl-bjɛ̃]
He speaks well.

e. Est-ce que 引导一般疑问句，声调最高点可放在疑问短语上，然后语调逐渐下降，句末稍有上升。

Est-ce que c'est ton cha-peau?
[ɛs-kə-sɛ-tɔ̃-ʃapo]
Is this your hat?

f. 用陈述句形式的疑问句，其语调逐渐上升。

Vous avez un journal?

[vu-zave-œ̃-ʒurnal]
Do you have a newspaper?

g. 主谓语倒置形式的疑问句，声调最高点一般放在主语上，然后语调逐渐下降，到句末一个音节略上升。

Avez- vous un journal?

[ave-vu-œ̃-ʒurnal]
Do you have a newspaper?

CONVERSATION conversation
[kɔ̃vɛrsasjɔ̃]

—Asseyez-vous !   —Sit down please.
 [asɛje-vu]
—Merci, Mademoiselle.   —Thank you, Miss.
 [mɛrsi] [madmwazɛl]
—Qu'est-ce que vous voulez ?   —What do you want?
 [kɛs-kə-vu-vule]
—Un thé, s'il vous plaît.   —A cup of tea, please.
 [œ̃-te] [sil-vu-plɛ]

EXERCICES exercises
[ɛgzɛrsis]

a. 分音素发音练习。

[y]	fût [fy]	vue [vy]	chute [ʃyt]	juste [ʒyst]	tulle [tyl]	usine [yzin]
	Salut !Tu vas à l'usine? Hello! Are you going to the factory? [saly] [ty-va-a-lyzin]					
[e]	fée [fe]	vécu [veky]	chez [ʃe]	juger [ʒyʒe]	thé [te]	lisez [lize]
	Du café ou du thé? Some coffee or some tea? [dy-kafe-u-dy-te]					
[œ̃]	un [œ̃]	humble [œ̃bl]	chacun [ʃakœ̃]	parfum [parfœ̃]	lundi [lœ̃di]	quelqu'un [kɛlkœ̃]
	Chacun met du parfum. Everyone sprays some perfume. [ʃakœ̃-mɛ-dy-parfœ̃]					

b. 朗读下列单词。

fée — vé	chez — génie	tes — des
[fe] [ve]	[ʃe] [ʒeni]	[te] [de]
né — les	mes — nez	ces — zée
[ne] [le]	[me] [ne]	[ce] [ze]
fume — vu	chute — juste	tulle — dune
[fyme] [vy]	[ʃyt] [ʒyst]	[tyl] [dyn]
nul — lune	lutter — nudité	sucez — musée
[nyl] [lyn]	[lyte] [nydite]	[syse] [myze]
chef — sève	casse — case	sache — sage
[ʃɛf] [sɛv]	[kas] [kaz]	[saʃ] [saʒ]
avec [avɛk]	canif [kanif]	sachez [saʃe]	quitter [kite]	cité [site]	aller [ale]
phase [faz]	vase [vaz]	disque [disk]	tisane [tizan]	neige [nɛʒ]	visage [vizaʒ]
céder [sede]	gilet [ʒilɛ]	gêner [ʒɛne]	mulet [mylɛ]	cuvette [kyvɛt]	sucette [sysɛt]
chacun [ʃakœ̃]	chacune [ʃakyn]	lundi [lœ̃di]	lunette [lynɛt]	défunt [defɛ̃]	funeste [fynɛst]

c. 朗读下列句子，并注意语调。

—Qu'est-ce que c'est?
[kɛs-kə-sɛ]
What is this?
—C'est une malle.
[sɛ-tyn-mal]
This is a trunk.
—C'est une machine.
[sɛ-tyn-maʃin]
This is a machine.
—C'est une usine.
[sɛ-ty-nyzin]
This is a factory.

—Qu'est-ce que c'est?
[kɛs-kə-sɛ]
What is this?
—Ce sont des malles.
[sə-sɔ̃-de-mal]
These are trunks.
—Ce sont des machines.
[sə-sɔ̃-de-maʃin]
These are machines.
—Ce sont des usines.
[sə-sɔ̃-de-zyzin]
These are factories.

—Qu'est-ce que c'est?
[kɛs-kə-sɛ]
What is this?
—C'est un lit.
[sɛ-tœ̃-li]
This is a bed.
—C'est un nid.
[sɛ-tœ̃-ni]
This is a nest.
—C'est un filet.
[sɛ-tœ̃-filɛ]
This is a net.
—C'est un gilet.
[sɛ-tœ̃-ʒilɛ]
This is a cardigan.

—Qu'est-ce que c'est?
[kɛs-kə-sɛ]
What is this?
—Ce sont des lits.
[sə-sɔ̃-de-li]
These are beds.
—Ce sont des nids.
[sə-sɔ̃-de-ni]
These are nests.
—Ce sont des filets.
[sə-sɔ̃-de-filɛ]
These are nets.
—Ce sont des gilets.
[sə-sɔ̃-de-ʒilɛ]
These are cardigans.

1.2.3 LEÇON 3 [ləsɔ̃-trwa]

TEXTES texts
[tɛkst]
Est-ce que c'est... ? Is this...?
[ɛs-kə-sɛ]

—Est-ce que c'est ta montre ?
[ɛs-kə-sɛ-ta-mɔ̃tr]
Is this your watch?
—Non, ce n'est pas ma montre, c'est sa montre.
[nɔ̃-sə-nɛ-pa-ma-mɔ̃tr-sɛ-sa-mɔ̃tr]
No, this is not my watch; this is his watch.

—Est-ce que c'est ton téléphone portable ?
[ɛs-kə-sɛ-tɔ̃-telefɔn-pɔrtabl]
Is this your mobile phone?
—Non, ce n'est pas mon téléphone portable, c'est son téléphone portable.
[nɔ̃-sə-nɛ-pa-mɔ̃-telefɔn-pɔrtabl-sɛ-sɔ̃-telefɔn-pɔrtabl]
No, this is not my mobile phone; this is his mobile phone.

—Est-ce que c'est ton chapeau ?
[ɛs-kə-sɛ-tɔ̃-ʃabo]
Is this your hat?
—Non, ce n'est pas mon chapeau, c'est son chapeau.
[nɔ̃-sə-nɛ-pa-mɔ̃-ʃabo-sɛ-sɔ̃-ʃabo]
No, this is not my hat; this is his hat.

—Est-ce que ce sont tes lunettes ?
[ɛs-kə-sə-sɔ̃-te-lynɛt]
Are these your glasses?
—Non, ce ne sont pas mes lunettes, ce sont ses lunettes.
[nɔ̃-sə-nə-sɔ̃-pa-me-lynɛt-sə-sɔ̃-se-lynɛt]
No, these are not my glasses; these are his glasses.

—Est-ce que ce sont tes crayons?
[ɛs-kə-sə-sɔ̃-te-krɛjɔ̃]
Are these your pencils?
—Non, ce ne sont pas mes crayons, ce sont ses crayons.
[nɔ̃-sə-nə-sɔ̃-pa-me-krɛjɔ̃-sə-sɔ̃-se-krɛjɔ̃]
No, these are not my pencils; these are his pencils.

—Est-ce que ce sont tes images ?
[ɛs-kə-sə-sɔ̃-te-zimaʒ]
Are these your pictures?
—Non, ce ne sont pas mes images, ce sont ses images.
[nɔ̃-sə-nə-sɔ̃-pa-me-zimaʒ-sə-sɔ̃-se-zimaʒ]
No, these are not my pictures; they are his pictures.

VOCABULAIRE vocabulary
[vɔkabylɛr]

est-ce que...? [ɛs-kə]	Is it...? 是不是（固定搭配表疑问）	son [sɔ̃]	his, her, its
ta [ta]	your	chapeau [ʃabo]	hat
montre [mɔ̃tr]	watch	tes [te]	your
ne ... pas [nə-pa]	not	lunettes [lynɛt]	glasses
ma [ma]	my	mes [me]	my
sa [sa]	his, her, its	ses [se]	his, her, its
ton [tɔ̃]	your	crayon [krɛjɔ̃]	pencil
téléphone portable [telefɔn-pɔrtabl]	mobile phone	image [imaʒ]	picture
mon [mɔ̃]	my		

INTONATION intonation
[ɛ̃tɔnasjɔ̃]

a. 带有 qui、que、quel、où 等特殊疑问词的疑问句一般声调最高点在特殊疑问词上，然后语调逐渐下降。

Quelle heure est - il ?
[kɛ-lœrɛ-til]
What time is it ?

b. 带有 ou 的选择性疑问句通常先升后降。

Allez – vous à Pa - ris ou à Lyon ?
[ale-vu-a-pari-u-a-ljɔ̃]
Will you go to Paris or Lyon?

c. 疑问词放在句末的疑问句，声调最高点放在疑问词上。

```
                    où ?
Tu      vas
```

[ty-va-u]
Where are you going ?

d. 命令句的声调最高点在第一个节奏组上，然后语调逐渐下降。

```
Mettez   ces   verres
                     sur   la
                              table !
```

[mɛte-se-vɛr-syr-la-tabl]
Put the glasses on the table!

e. 命令式有时还伴有礼貌用语 « s'il vous plaît » 等，在此用语前大多采用平调，有时语调还略有上升。

```
                   sel , s'il
Passe - moi  le           vous
                              plaît !
```

[pas-mwa-lə-sɛl-sil-vu-plɛ]
Pass me the salt, please!

f. 命令式有时还表示祝愿，这类句子采用降调。

```
Amusez
       - vous
             bien !
```

[amyze-vu-bjɛ̃]
Have fun !

CONVERSATION conversation
[kɔ̃vɛrsasjɔ̃]

—Bonjour, Mademoiselle. [bɔ̃ʒur-madmwazɛl]	—Good morning/ afternoon, Miss.
—Bonjour, Monsieur. [bɔ̃ʒur-məsjø]	—Good morning/ afternoon, sir.
—Bonne journée! [bɔn-ʒurne]	—Have a nice day!

—Bonsoir! [bɔ̃swar]	—Good evening!
—Bonne nuit! [bɔn-nɥi]	—Good night!

EXERCICES exercises
[ɛgzɛrsis]

a. 分音素发音练习。

[o]	peau [po]	beau [bo]	tôt [to]	dos [do]	Côté [kote]	Gaucher [goʃe]
	Oh! Cet hôtel est beau! This hotel is beautiful! [o-sɛ-totɛl-ɛ-bo]					
[ɔ]	pomme [pɔm]	botte [bɔt]	tomate [tɔmat]	dollar [dɔlar]	cote [kɔt]	gomme [gɔm]
	J'adore la pomme et la tomate. I like the apple and the tomato. [ʒadɔr-la-pɔm-e-la-tɔmat]					
[ɔ̃]	pont [pɔ̃]	bon [bɔ̃]	ton [tɔ̃]	don [dɔ̃]	conte [kɔ̃t]	gondole [gɔ̃dol]
	Ces bonbons sont bons. These candies are delicious. [se-bɔ̃bɔ̃-sɔ̃-bɔ̃]					
[r]	rat [ra]	art [ar]	rit [ri]	lire [lir]	rue [ry]	mur [myr]
	Merci beaucoup, Robert. Thank you very much, Robert. [mɛrsi-boku-rɔbɛr]					

b. 朗读下列单词。

peau [po]	—	beau [bo]	peine [pɛn]	—	belle [bɛl]	pôle [pol]	—	bol [bɔl]
pompe [pɔ̃p]	—	bombe [bɔ̃b]	palais [palɛ]	—	balai [balɛ]	karpe [karp]	—	barpe [barb]

quitte [kit]	—	guide [gid]	cure [kyr]	—	gutte [gyt]	car [kar]	—	gare [gar]
coque [kɔk]	—	gogue [gɔg]	quête [kɛt]	—	guette [gɛt]	comte [kɔ̃t]	—	gonde [gɔ̃d]
lire [lir]	—	rire [rir]	lune [lyn]	—	rune [ryn]	nul [nyl]	—	mur [myr]
losse [los]	—	roche [rɔʃ]	lors [lɔr]	—	rôle [rol]	laine [lɛn]	—	reine [rɛn]

faire [fɛr]	vers [vɜr]	père [pɛr]	phare [far]	lors [lɔr]	salaire [salɛr]
bonnet [bɔnɛ]	donner [dɔne]	domino [dɔmino]	métallo [metalo]	poteau [pɔto]	pause [pɔz]
gorge [gɔrʒ]	horloge [ɔrlɔʒ]	pompage [pɔ̃paʒ]	azur [azyr]	culture [kyltyr]	facture [faktyr]
aucun [okɛ̃]	chacun [ʃakɛ̃]	parfum [parfɛ̃]	horizon [ɔrizɔ̃]	wagon [vagɔ̃]	salon [salɔ̃]
signe [siɲ]	ligne [liɲ]	agneau [aɲo]	ignore [iɲɔr]	baigner [bɛɲe]	manifique [maɲifik]

c. 朗读下列句子，并注意语调。

—Est-ce que c'est ton nom?
  [ɛs-kə-sɛ-tɔ̃-nɔ̃]
  Is this your name?
—Non, ce n'est pas mon nom, c'est son nom.
  [nɔ̃-sə-nɛ-pa-mɔ̃-nɔ̃-sɛ-sɔ̃-nɔ̃]
  No, this is not my name; this is his name.
—Est-ce que c'est ta maison?
  [ɛs-kə-sɛ-ta-mɛzɔ̃]
  Is this your house?
—Non, ce n'est pas ma maison, c'est sa maison.
  [nɔ̃-sə-nɛ-pa-ma-mɛzɔ̃-sɛ-sa-mɛzɔ̃]
  No, this is not my house; this is his house.

—Est-ce que ce sont tes photos?
  [ɛs-kə-sə-sɔ̃-te-fɔto]
  Are these your photos?
—Non, ce ne sont pas mes photos, ce sont ses photos.
  [nɔ̃-sə-nə-sɔ̃-pa-me-fɔto-sə-sɔ̃-se-fɔto]
  No, these are not my photos; these are his photos.
—Est-ce que ce sont tes bonbons?
  [ɛs-kə-sə-sɔ̃-te-bɔ̃bɔ̃]
  Are these your candies?
—Non, ce ne sont pas mes bonbons, ce sont ses bobons.
  [nɔ̃-sə-nə-sɔ̃-pa-me-bɔ̃bɔ̃-sə-sɔ̃-se-bɔ̃bɔ̃]
  No, these are not my candies; these are his candies.

1.2.4 LEÇON 4 [ləsɔ̃-katr]

TEXTES texts
[tɛkst]

Où allez-vous ? Where are you going?
[u-ale-vu]

—Où allez-vous ? [u-ale-vu] Where are you going? —Où allons-nous ? [u-alɔ̃-nu] Where are we going? —Où vont-ils ? [u-vɔ̃-til] Where are they going? —Où vont-elles ? [u-vɔ̃-tɛl] Where are they going?	—Je vais au cinéma. [ʒə-vɛ-zo-sinema] I am going to the cinema. —Nous allons au supermarché. [nu-zalɔ̃-zo-sypɛrmarʃe] We are going to the supermarket. —Ils vont au restaurant. [il-vɔ̃-to-rɛstɔrɑ̃] They are going to the restaurant. —Elles vont à la boulangerie. [ɛl-vɔ̃-ta-la-bulɑ̃ʒri] They are going to the bakery.
—Avez-vous un carnet ? [ave-vu-œ̃-karnɛ] Do you have a notebook? —Où est le carnet ? [u-ɛ-lə-karnɛ] Where is the notebook? —Avez-vous un ordinateur ? [ave-vu-œ̃-nɔrdinatœr] Do you have a computer? —Où est l'ordinateur ? [u-ɛ-lɔrdinatœr] Where is the computer?	—Oui, j'ai un carnet. [wi, ʒe-œ̃-karnɛ] Yes, I have a notebook. —Il est dans mon bureau. [i-lɛ-dɑ̃-mɔ̃-byro] It's in my office. —Oui, j'ai un ordinateur. [wi, ʒe-œ̃-nɔrdinatœr] Yes, I have a computer. —Il est dans ma chambre. [i-lɛ-dɑ̃-ma-ʃɑ̃br] It's in my bedroom.

VOCABULAIRE vocabulary
[vɔkabylɛr]

où [u]	where	avez-vous [ave-vu]	do you have
aller [ale]	to go	carnet [karnɛ]	notebook
au=à+le [o] [a] [lə]	in the/ at the	oui [wi]	yes
cinéma [sinema]	cinema	j'ai [ʒe]	I have
supermarché [sypɛrmarʃe]	supermarket	dans [dɑ̃]	in
restaurant [rɛstɔrɑ̃]	restaurant	bureau [byro]	office
à [a]	to, in, at	ordinateur [ɔrdinatœr]	computer
la [la]	the	ma [ma]	my
boulangerie [bulɑ̃ʒri]	bakery	chambre [ʃɑ̃br]	bedroom

INTONATION intonation
[ɛ̃tɔnasjɔ̃]

a. 表示欢呼、赞美、高兴、鼓励的感叹句,语调基本采用降调。

 Très
   bien !

[trɛ-bjɛ̃]
Very good !

b. 表示悲哀、恐惧、痛苦的感叹句,语调也是降调。

 Tant
   pis !

[tɑ̃-pi]
Screw it !

c. 表示惊愕、怀疑的感叹句,句末语调略微上扬,最后一个音节有强调重音。

   là !
 Oh
   là

[o-la-la]
Oh my god !

d. 表示命令、警告的感叹句,语调下降且急促。

 A -
   - tten
     - tion !

[atɑ̃sjɔ̃]
Attention !

e. 表示呼叫、求助的感叹句,句末语调上扬。

　　　　　　　　　　- cours !
　　　Au　　se -

[o-səkur]
Help !

f. 否定句声调的最高点一般放在 pas 上，然后语调逐渐下降。

　　　　　　　　pas
Ce　n'est　　　mon bu-
　　　　　　　　　　　reau.
[sə-nɛ-pa-mɔ̃-byro]
This is not my desk.

g. 插入语的语调比前后主句成分的语调要低，而且平稳。

　　　　glais,　　　　　　　　langue uni-
L'an-　　　　　　est devenu la　　ver-
　　　　comme tout le monde le sait,　　- selle.
[lɑ̃glɛ-kɔm-tu-lə-mɔ̃d-lə-sɛ-ɛ-dəvəny-la-lɑ̃-yniνɛrsɛl]
English, as everyone konws, has become the language universal.

CONVERSATION conversation
[kɔ̃νɛrsasjɔ̃]

—Comment allez-vous ? [kɔmɑ̃-tale-vu]	—How are you?
—Très bien, merci. Et vous ? [trɛ-bjɛ̃, mɛrsi. e-vu]	—Very well, thank you, and you?
— Moi aussi, merci. [mwa-osi, mɛrsi]	—Me too, thanks.
—Voulez-vous prendre un verre ? [vule-vu-prɑ̃dr-œ̃-vɛr]	—Do you want to have a drink?
—Oui, merci. [wi, mɛrsi]	—Yes, please.
—Voulez-vous une champagne? [vule-vu-yn-ʃɑ̃paɲ]	—Do you want champagne?
—Non, merci. [nɔ̃, mɛrsi]	—No, thanks.
—Bon appétit! [bɔ̃-napeti]	—Wish you have a good appetite!
—Merci, vous aussi. [mɛrsi, vu-osi]	—Thanks, you too.

1.语音部分

EXERCICES exercises
[ɛgzɛrsis]

a. 分音素发音练习。

[u]	plouf blouse clouer glousser souple double [pluf] [bluz] [klue] [gluse] [supl] [dubl]	
	Où sont des journaux? Where are the newspapers ? [u-sɔ̃-de-ʒurno]	
[ã]	planche blanche clan glande ample ensemble [plãʃ] [blãʃ] [klã] [glãd] [ãpl] [ãsãbl]	
	Les enfants chantent ensemble. The children are singing together. [le-zãfã-ʃãt-ãsãbl]	
[ɛ̃]	plein blindé clin gain simple symbole [plɛ̃] [blɛ̃de] [klɛ̃] [gɛ̃] [sɛ̃pl] [sɛ̃bɔl]	
	Alain mange beaucoup de pain. Alain eats a lot of bread. [alɛ̃-mãʒ-boku-də-pɛ̃]	

b. 朗读下列单词。

A	place [plas]	— blasé [blaze]	ploc [plɔk]	— bloc [blɔk]	plaire [plɛr]	— blair [blɛr]
	classe [klas]	— glace [glas]	cloche [klɔʃ]	— glose [gloz]	claire [klɛr]	— glaire [glɛr]
	planche [plãʃ]	— blanche [blãʃ]	plombe [plɔ̃b]	— blonde [blɔ̃d]	public [pyblik]	— biblique [biblik]
	clan [klã]	— gland [glã]	clin [klɛ̃]	— gline [glin]	clicher [kliʃe]	— glisser [glise]
	ample [ãpl]	— amble [ãbl]	couple [kupl]	— double [dubl]	naples [napl]	— table [tabl]
	oncle [ɔ̃kl]	— ongle [ɔ̃gl]	cycle [sikl]	— sigle [sigl]	racle [rakl]	— règle [rɛgl]
	un [œ̃]	— une [yn]	bon [bɔ̃]	— bonne [bɔn]	an [ã]	— année [ane]
	aucun [okœ̃]	— aucune [okyn]	plein [plɛ̃]	— pleine [plɛn]	sain [sɛ̃]	— saine [sɛn]
B	lampe [lãp]	lente [lãt]	orange [ɔrãʒ]	dimanche [dimãʃ]	banbou [babu]	campagne [kapaɲ]
	sein [sɛ̃]	simple [sɛ̃pl]	cinquante [sɛ̃kãt]	quinze [kɛ̃z]	symbole [sɛ̃bɔl]	symphonie [sɛ̃fɔni]
	bâton [batɔ̃]	blouson [bluzɔ̃]	montage [mɔ̃taʒ]	nom [nɔ̃]	bonjour [bɔ̃ʒur]	ompon [ɔ̃pɔ̃]
	luxe [lyks]	taxi [taksi]	textile [tɛkstil]	expert [ɛkspɛr]	exemple [ɛgzãpl]	conplexe [kɔ̃plɛks]
	accuser [akyze]	accident [aksidã]	scolaire [skɔlɛr]	escale [ɛskal]	sceau [so]	descente [desãt]

c. 朗读下列句子，并注意语调。

—Où allez-vous ? [u-ale-vu] Where are you going? —Où allons-nous ? [u-alɔ̃-nu] Where are we going? —Où vont-ils ? [u-vɔ̃-til] Where are they going? —Où vont-elles ? [u-vɔ̃-tɛl] Where are they going?	—Je vais au marché. [ʒə-vɛ-zo-marʃe] I'm going to the market. —Nous allons au café. [nu-zalɔ̃-zo-kafe] We're going to the café. —Ils vont à la cantine. [il-vɔ̃-ta-la-kãtin] They are going to the cantine. —Elles vont à l'école. [ɛl-vɔ̃-ta-lekɔl] They are going to school.
—Avez-vous un stylo ? [ave-vu-œ̃-stilo] Do you have a pen? —Où est le stylo ? [u-ɛ-lə-stilo] Where's the pen ? —Avez-vous un vélo ? [ave-vu-œ̃-velo] Do you have a bike? —Où est le vélo ? [u-ɛ-lə-velo] Where's the bike?	—Oui, j'ai un stylo. [wi, ʒe-œ̃-stilo] Yes, I have a pen. —Il est sur le bureau. [i-lɛ-syr-lə-byro] It's on the desk. —Oui, j'ai un vélo. [wi, ʒe-œ̃-velo] Yes, I have a bike. —Il est dans mon mon bureau [i-lɛ-dɑ̃-mɔ̃-byro] It's in my office.

1.2.5 LEÇON 5 [ləsɔ̃-sɛ̃k]

TEXTES texts
[tɛkst]

Qu'est-ce qu'il fait? What does he do ?
[kɛs-kil-fɛ]

—Qui est-ce? [ki-ɛs] Who is this ? —C'est mon frère. [sɛ-mɔ̃-frɛr] This is my brother. —Qu'est-ce qu'il fait ? [kɛs-kil-fɛ] What does he do ? —Il est journaliste. [i-lɛ-ʒurnalist] He's a journalist. —Il est styliste. [i-lɛ-stilist] He is a stylist. —Il est artiste. [i-lɛ-tartist] He is an artist.	—Qui est-ce? [ki-ɛs] Who is this ? —C'est ma sœur. [sɛ-ma-sœr] This is my sister. —Qu'est-ce qu'elle fait ? [kɛs-kɛl-fɛ] What does she do ? —Elle est étudiante. [ɛ-lɛ-tetydjɑ̃t] She is a student. —Elle est chanteuse. [ɛ-lɛ-ʃɑ̃tøz] She's a singer. —Elle est assistante. [ɛ-lɛ-tasistɑ̃t] She's an assistant.

—Quelle heure est-il ? [kɛ-lœr-ɛ-til] What time is it ? —Il est dix heures. [i-lɛ-di-zœr] It's ten o'clock. —Il est onze heures. [i-lɛ-ɔ̃-zœr] It's eleven o'clock. —Il est midi. [i-lɛ-midi] It's noon. —Il est minuit. [i-lɛ-minɥi] It's midnight.	—Quelle heure est-il ? [kɛ-lœr-ɛ-til] What time is it ? —Il est quatre heures cinq. [i-lɛ-kat-rœr-sɛ̃k] It's 04:05. —Il est six heures et quart. [i-lɛ-si-zœr-e-kar] It's 06:15. —Il est huit heures et demi. [i-lɛ-ɥi-tœr-e-dəmi] It's 08:30. —Il est neuf heures moins dix. [i-lɛ-nœ-vœr-mwɛ̃-dis] It's 08:50. —Il est dix heures moins le quart. [i-lɛ-di-zœr-mwɛ̃-lə-kar] It's 09:45.

VOCABULAIRE vocabulary
[vɔkabylɛr]

fait [fɛ]	does	quelle [kɛl]	what
frère [frɛr]	brother	heure [œr]	hour, time
journaliste [ʒurnalist]	journalist	midi [midi]	noon, twelve o'clock
styliste [stilist]	stylist	minuit [minɥi]	midnight
artiste [artist]	artist	et [e]	and
sœur [sœr]	sister	quart [kar]	quarter
étudiante [etydjɑ̃t]	college student	demie [dəmi]	half
chanteuse [ʃɑ̃tøz]	singer	moins [mwɛ̃]	less
assistante [asistɑ̃t]	assistant		

NOMBRES numbers
[nɔ̃br]

1 un [œ̃]	2 deux [dø]	3 trois [trwa]	4 quatre [katr]	5 cinq [sɛ̃k]
6 six [sis]	7 sept [sɛt]	8 huit [ɥit]	9 neuf [nœf]	10 dix [dis]

注：onze、huit 不与前面的词联诵，如 dans / huit jours[dɑ̃-ɥi-ʒur], le / onze décembre[lə-ɔ̃z-desɑ̃br]；但 huit 与前面的数词要联诵，如 dix-huit[di-zɥit], vingt-huit[vɛ̃-tɥit]。

CONVERSATION conversation
[kɔ̃vɛrsasjɔ̃]

a. À plus tard.   See you later.
   [a-ply-tar]
b. À bientôt.   See you soon.
   [a-bjɛ̃to]
c. À demain.   See you tomorrow.
   [a-dəmɛ̃]
d. À la prochaine.   See you next time.
   [a-la-prɔʃɛn]
e. À tout à l'heure.   See you later.
   [a-tu-ta-lœr]

EXERCICES exercises
[ɛgzɛrsis]

a. 分音素发音。

[ə]	je [ʒə]	le [lə]	que [kə]	menu [məny]	petit [pəti]	semaine [səmɛn]
	Je dis que je regarde le menu. I say I am reading the menu. [ʒə-di-kə-ʒə-rəgard-lə-məny]					
[œ]	peur [pœr]	beurre [bœr]	cœur [kœr]	gueule [gœl]	fleuve [flœv]	couleur [kulœr]
	Le professeur dit：« L'heure,c'est l'heure. The professor says: time's up. [lə-prɔfesœr-di] [lœr-sɛ-lœr]					
[ø]	feu [fø]	vœu [vø]	ceux [sø]	jeu [ʒø]	chanteuse [ʃɑ̃tøz]	danseuse [dɑ̃søz]
	Je peux vous aider? Can I help you? [ʒə-pø-vu-zede]					

[pr]	pra [pra]	pre [prɛ]	pri [pri]	pro [pro]	pru [pry]	prou [pru]
[br]	bra [bra]	bre [brɛ]	bri [bri]	bro [bro]	bru [bry]	brou [bru]
[kr]	cra [kra]	cre [krɛ]	cri [kri]	cro [kro]	cru [kry]	crou [kru]
[gr]	gra [gra]	gre [grɛ]	gri [gri]	gro [gro]	gru [gry]	grou [gru]

b. 朗读下列单词。

	des—deux [de] [dø]	ces—ceux [se] [sø]	blé—bleu [ble] [blø]
	fée—feu [fe] [fø]	nez—nœud [ne] [nø]	pré—preux [pre] [prø]
	heure—eux [œr] [ø]	sœur—ceux [sœr] [sø]	coeur—queue [kœr] [kø]
	neuf—nœud [nœf] [nø]	peur—peu [pœr] [pø]	fleur—feu [flœr] [fø]
	air—heure [ɛr] [œr]	caire—coeur [kɛr] [kœr]	père—peur [pɛr] [pœr]
	saine—sœur [sɛn] [sœr]	belle—beurre [bɛl] [bœr]	fer—fleur [fɛr] [flœr]

	prime [prim]	prune [pryn]	prenez [prəne]	prénom [prenɔ̃]	preter [prɛte]	propre [prɔpr]
	brique [brik]	brune [bryn]	brebis [brəbi]	brosse [brɔs]	bref [brɛf]	chambre [ʃɑ̃br]
	crime [krim]	cruche [kryʃ]	crever [krəve]	créer [kree]	crème [krɛm]	encre [ɑ̃kr]
	grippe [grip]	grume [grym]	grenade [grənad]	gré [gre]	grève [grɛv]	maigre [mɛgr]

不发音的 e	gaieté [gete]	tuerie [tyri]	avenir [avnir]	samedi [samdi]	médecin [medsɛ̃]	maintenant [mɛ̃tnɑ̃]
发音的e	de [də]	menu [məny]	neveu [nəvø]	semaine [səmɛn]	vendredi [vɑ̃drədi]	doublement [dubləmɑ̃]

c. 朗读下列句子，并注意语调。

—Qui est-ce ?
[ki-ɛs]
Who is that ?
—C'est mon frère.
[sɛ-mɔ̃-frɛr]
That is my brother.
—Qu'est-ce qu'il fait ?
[kɛs-kil-fɛ]
What does he do ?
—Il est chanteur.
[i-lɛ-ʃɑ̃tœr]
He is a singer.
—Qui est-ce ?
[ki-ɛs]
Who is that ?
—C'est ma sœur.
[sɛ-ma-sœr]
That is my sister.
—Qu'est-ce qu'elle fait ?
[kɛs-kɛl-fɛ]
What does she do ?
—Elle est danseuse.
[ɛ-lɛ-dɑ̃søz]
She is a dancer.

—Quelle heure est-il ?
[kɛ-lœr-ɛ-til]
What time is it ?
—Il est cinq heures et quart.
[i-lɛ-sɛ̃-kœr-e-kar]
It's 05 :15.
—Il est six heures et demie.
[i-lɛ-si-zœr-e-dəmi]
It's 06 :30.
—Quelle heure est-il ?
[kɛ-lœr-ɛ-til]
What time is it ?
—Il est sept heures moins dix.
[i-lɛ-sɛ-tœr-mwɛ̃-dis]
It's 06 :50.
—Il est huit heures moins le quart.
[i-lɛ-ɥi-tœr-mwɛ̃-lə-kar]
It's 07 :45.

1.2.6 LEÇON 6 [ləsɔ̃-sis]

TEXTES texts
[tɛkst]

Voici...voilà... --here is/are, this/that is...there is/are
[vwasi] [vwala]

A. Voici une tasse, voilà une bouteille.
   [vwasi-yn-tas, vwala-yn-butɛj]
   This is a cup; that is a bottle.
   La tasse est à toi, la bouteille est à moi.
   [la-tas-ɛ-ta-twa, la-butɛj-ɛ-ta-mwa]
   This cup is yours; that bottle is mine.

   Voici un livre, voilà un carnet.
   [vwasi-œ̃-livr, vwala-œ̃-karnɛ]
   This is a book; that is a notebook.
   Le livre est à toi, le carnet est à moi.
   [lə-livr-ɛ-ta-twa, lə-karnɛ-ɛ-ta-mwa]
   This book is yours; that notebook is mine.

   Voici des magazines, voilà des brochures.
   [vwasi-de-magazin, vwala-de-brɔʃyr]
   Here are some magazines; there are some brochures.
   Les magazines sont à vous, les brochures sont à nous.
   [le-magazin-sɔ̃-ta-vu, le-brɔʃyr-sɔ̃-ta-nu]
   These magazines are yours; those brochures are ours.

B. —Où travaille Paul ?
     [u-travaj-pɔl]
     Where does Paul work?
   —Il travaille dans un musée.
     [il-travaj-dɑ̃-zœ̃-myze]
     He works in a museum.
   —Où travaillez-vous ?
     [u-travaje-vu]
     Where do you work?
   —Je travaille dans un cinéma.
     [ʒə-travaj-dɑ̃-zœ̃-sinema]
     I work in a cinema.
   —Où travaillez-vous ?
     [u-travaje-vu]
     Where do you work?
   —Je travaille dans une école.
     [ʒə-travaj-dɑ̃-zy-nekɔl]
     I work in a school.
   —Aimez-vous votre travail ?
     [ɛme-vu-vɔtr-travaj]
     Do you like your job?
   —Oui, j'aime mon travail.
     [wi-ʒɛm-mɔ̃-travaj]
     Yes, I like my job.

VOCABULAIRE vocabulary
[vɔkabylɛr]

voici [vwasi]	here is/are, this is	brochure [brɔʃyr]	brochure
voilà [vwala]	there is / are, that is	travailler [travaje]	to work
tasse [tas]	cup	musée [myze]	museum
bouteille [butɛj]	bottle	cinéma [sinema]	cinema
être à [ɛtr-a]	belong to	école [ekɔl]	school
toi [twa]	you	aimez-vous [ɛme-vu]	do you love / like
moi [mwa]	me	votre [vɔtr]	your
livre [livr]	book	travail [travaj]	work
carnet [karnɛ]	notebook	j'aime [ʒɛm]	I love /like
magazine [magazin]	magazine	mon [mɔ̃]	my

NOMBRES numbers
[nɔ̃br]

11 onze [ɔ̃z]	12 douze [duz]	13 treize [trɛz]	14 quatorze [katorz]	15 quinze [kɛ̃z]

CONVERSATION conversation
[kɔ̃vɛrsasjɔ̃]

—Pardon !
 [pardɔ̃]
—Ce n'est pas grave.
 [sə-nɛ-pa-grav]
—Merci, Madame.
 [mɛrsi-madam]
—Je vous en prie, Mademoiselle.
 [ʒə-vu-zɑ̃-pri-madmwazɛl]

—Sorry!

—Never mind.

—Thank you, Lady.

—You are welcome, Miss.

EXERCICES exercises
[εgzεrsis]

a. 分音素发音练习。

[j]	travail [travaj]　travailler [travaje]　veille [vεj]　veiller [vεje]　fille [fij]　famille [famij]	
	Paspail travaille la veille　Paspail worked last night. [paspaj-travaj-la-vεj]	
[ɥ]	lui [lɥi]　nuit [nɥi]　buée [bɥe]　muet [mɥε]　sueur [sɥœr]　manuel [manɥεl]	
	Il est huit heures. Il fait nuit.　It's eight o'clock now. It's dark. [i-lε-ɥi-tœr]　[il-fε-nɥi]	
[w]	oui [wi]　louer [lwe]　jouet [ʒwε]　fouet [fwε]　mouette [mwεt]　louange [lwɑ̃ʒ]	
	Nous allons louer une voiture.　We will rent a car. [nu-zalɔ̃-lwe-yn-vwatyr]	
[tr]	tra [tra]　tre [trε]　tri [tri]　tro [tro]　tru [try]　trou [tru]	
[dr]	dra [dra]　dre [drε]　dri [dri]　dro [dro]　dru [dry]　drou [dru]	
[fr]	fra [fra]　fre [frε]　fri [fri]　fro [fro]　fru [fry]　frou [fru]	
[vr]	vra [vra]　vre [vrε]　vri [vri] vro [vro]　vru [vry]　vrou [vru]	

b. 朗读下列单词。

bu [by] — buis [bɥi]	lu [ly] — lui [lɥi]	pu [py] — puis [pɥi]
mou [mu] — mouiller [mwje]	sous [su] — souhait [swε]	joue [ʒu] — jouir [ʒwir]
bille [bij] — billet [bijε]	pille [pij] — piller [pije]	fille [fij] — fillette [fijεt]

trois [trwa]	droit [drwa]	treize [trεz]	dresse [drεs]	trône [tron]	drôle [drol]
quatre [katr]	cadre [kadr]	centr [sɑ̃tr]	gendre [ʒɑ̃dr]	montre [mɔ̃tr]	Londres [lɔ̃dr]
frais [frε]	vrai [vrε]	frille [frij]	vrille [vrij]	front [frɔ̃]	vrombir [vrɔ̃bir]
chiffre [ʃifr]	givre [ʒivr]	couvre [kuvr]	gouffre [gufr]	souffre [sufr]	Louvre [luvr]

veille	pareil	bouteille	paille	rail	millet
[vɛj]	[parɛj]	[butɛj]	[paj]	[raj]	[mijɛ]
envoyer	voyager	moyen	citoyen	indien	ancien
[ɑ̃vwaje]	[vwajaʒe]	[mwajɛ̃]	[sitwajɛ̃]	[ɛ̃djɛ̃]	[ɑ̃sjɛ̃]
coin	moins	loin	lointain	pointure	moindre
[kwɛ̃]	[mwɛ̃]	[lwɛ̃]	[lwɛ̃tɛ̃]	[pwɛ̃tyr]	[mwɛ̃dr]
fois	voilà	chinois	voiture	falloir	pourquoi
[fwa]	[vwala]	[ʃinwa]	[vwatyr]	[falwar]	[purkwa]
station	attention	gestion	question	nation	national
[stasjɔ̃]	[atɑ̃sjɔ̃]	[ʒɛstjɔ̃]	[kɛstjɔ̃]	[nasjɔ̃]	[nasjɔnal]

c. 朗读下列句子，并注意语调。

Voici un stylo, voilà un crayon.
[vwasi-œ̃-stilo, vwala-œ̃-krɛjɔ̃]
This is a pen; that is a pencil.
Le stylo est à toi, le crayon est à moi.
[lə-stilo-ɛta-twa, lə-krɛjɔ̃-ɛta-mwa]
The pen is yours; the pencil is mine.
Voici des cahiers, voilà des livres.
[vwasi-de-kaje, vwala-de-livr]
These are some notebooks; those are some books.
Les cahiers sont à vous, les livres sont à nous.
[le-kaje-sɔ̃-ta-vu, le-livr-sɔ̃-ta-nu]
These notebooks are yours; these books are ours.

—Où travaille Raspail ?
 [u-travaj-raspaj]
 Where does Raspail work?
—Il travaille dans un hôtel.
 [il-travaj-dɑ̃-zœ̃-notɛl]
 He works in a hotel.
—Où travaillez-vous ?
 [u-travaje-vu]
 Where do you work?
—Je travaille dans un hôpital.
 [ʒə-travaj-dɑ̃-zœ̃-nopital]
 I work in a hospital.
—Où travaillez-vous ?
 [u-travaje-vu]
 Where do you work?
—Nous travaillons dans une école.
 [nu-travajɔ̃-dɑ̃-zy-nekɔl]
 We work in a school.

1.2.7　LEÇON 7 [ləsɔ̃-sɛt]

TEXTES texts

[tɛkst]

Comment allez-vous? How are you?

[kɔmã-tale-vu]

A.
—Ah ! Bonjour, Monsieur Dubois. Ça va bien ?
　[a-bɔ̃ʒur-məsjø-dybwa]　　　[sa-va-bjɛ̃]
　Ah! Hello, Mr. Dubois. How are you ?
—Ça va, ça va, merci. Et vous, Madame Duval ?
　[sa-va-sa-va-mɛrsi]　[e-vu-madam-dyval]
　I'm fine, fine, thanks. And you, Madam Duval?
—Oh, oui, moi, je vais bien.
　[o-wi-mwa-ʒə-vɛ-bjɛ̃]
　Oh, yes, me, I am fine.
—Et votre enfant? Il va bien ?
　[e-vɔtr-ãfã]　　[il-va-bjɛ̃]
　And your child ? Is he okay ?
—Oui, il va bien.
　[wi-il-va-bjɛ̃]
　Yes, he's fine.
—C'est un garçon ou une fille ?
　[sɛ-tœ̃-garsɔ̃-u-yn-fij]
　Is it a boy or a girl ?
—Ah ! une fille.
　[a-yn-fij]
　Ah! A girl.
—Et quel âge a-t-elle maintenant ?
　[e-kɛ-laʒ-a-tɛl-mɛtnã]
　And how old is she now?
—Elle a deux ans ...
　[ɛ-la-dœ-zã]
　She's two years old.
—Eh bien, bonne journée, Madame Duval.
　[e-bjɛ̃-bɔn-ʒurne]　　　[madam-dyval]
　Well, have a good day, Madam Duval.
—Vous aussi, Monsieur Dubois, à la prochaine.
　[vu-osi]　[məsjø-dybwa]　　[a-la-prɔʃɛn]
　You too, Mr. Dubois, see you next time.

B.
Je vous présente ma famille :
[ʒə-vu-prezɑ̃t-ma-famij]
I introduce my family to you :

Voilà mon père. Il s'appelle Olivier Delon. Il est Français.
Il a quarante-six ans. Il est professeur d'université.
[vwala-mɔ̃-pɛr] [il-sapɛl-ɔlivje-dəlɔ̃] [i-lɛ-frɑ̃sɛ]
[i-la-karɑ̃t-sizɑ̃] [i-lɛ-prɔfesœr-dynivɛrsite]
Here is my dad. His name is Olivier Delon. He is French.
He is forty-six years old. He is a university professor.

Voilà ma mère. Elle s'appelle Yvonne Delon. Elle est Française.
Elle a quarante-deux ans. Elle est médecin.
[vwala-ma-mɛr] [ɛl-sapɛl-ivɔn-dəlɔ̃] [ɛ-lɛ-frɑ̃sɛz]
[ɛ-la-karɑ̃t-døzɑ̃] [ɛ-lɛ-medsɛ̃]
Here is my mother. Her name is Yvonne Delon. She is French.
She is forty-two years old. She is a doctor.

Voilà ma sœur. Elle s'appelle Valérie. Elle est Française, elle aussi.
Elle a vingt ans. Elle est secrétaire.
[vwala-ma-sœr] [ɛl-sapɛl-valeri] [ɛ-lɛ-frɑ̃sɛz-ɛl-osi]
[ɛ-la-vɛ̃-tɑ̃] [ɛ-lɛ-səkretɛr]
Here is my sister. Her name is Valérie, She is French too.
She is twenty years old. She is a secretary.

Moi, je m'appelle Pierre. J'ai dix-huit ans. Je suis étudiant.
J'étudie le chinois à l'Institut des Langues Orientales.
[mwa-ʒə-mapɛl-pjɛr] [ʒe-di-zɥi-tɑ̃] [ʒə-sɥi-zetydjɑ̃]
[ʒetydi-lə-ʃinwa-a-lɛ̃stity-de-lɑ̃g-zɔrjɑ̃tal]
My name is Pierre. I am eighteen years old. I am a student.
I am studying Chinese at the Institute of Oriental Languages.

VOCABULAIRE vocabulary
[vɔkabylɛr]

comment [kɔmã]	how	je présente [ʒə-prezãt]	I introduce
bonjour [bõʒur]	good morning / afternoon	famille [famij]	family
monsieur [məsjø]	Mr. Sir	il s'appelle [il-sapɛl]	his name is
bien [bjɛ̃]	well	Française [frãsɛz]	Frenchwoman
madame [madam]	Mrs, madam	quarante [karãt]	forty
enfant [ãfã]	kid	médecin [medsɛ̃]	doctor
garçon [garsõ]	boy	sœur [sœr]	sister
fille [fij]	girl, daughter	secrétaire [səkretɛr]	secretary
avoir [avwar]	to have	étudiant [etydjã]	student
âge [aʒ]	age	j'étudie [ʒetydi]	I study
maintenant [mɛ̃tnã]	now	chinois [ʃinwa]	Chinese
an [ã]	year	institut [ɛ̃stity]	institute
journée [ʒurne]	day (time)	langue [lãg]	language
aussi [osi]	too	oriental [ɔrjãtal]	oriental

NOMBRES numbers
[nõbr]

16 seize [sɛz]	17 dix-sept [disɛt]	18 dix-huit [dizɥit]	19 dix-neuf [diz-nœf]	20 vingt [vɛ̃]

注：onze、huit 不与前面的词联诵，如 dans / huit jours[dã-ɥit-ʒur], le / onze décembre[lə-õz-desãbr]；但 huit 与前面的数词要联诵，如 dix-huit[di-zɥit], vingt-huit[vɛ̃-tɥit]。

CONVERSATION conversation
[kɔ̃vɛrsasjɔ̃]

—Vous parlez anglais ? —Do you speak English?
[vu-parle-ɑ̃glɛ]
—Oui, je parle bien. —Yes, I speak well.
[wi-ʒə-parl-bjɛ̃]
—Vous parlez français ? —Do you speak French?
[vu-parle-frɑ̃sɛ]
—Oui, un peu. —Yes, a little.
[wi-œ̃-pø]
—Vous comprenez ? —Do you understand?
[vu-kɔ̃prəne]
—Oui, je comprends. —Yes, I understand.
[wi-ʒə-kɔ̃prɑ̃]

2.

语法部分

2.1 初级语法总结

2.1.1 英、法语比较

英语和法语一直有着千丝万缕的联系，原因全赖英国和法国这一对欧洲邻国冲突与争端不断发生，不断升级。法语经历了从强势到与英语抗争的几个阶段。

◆ 发源

在公元前近千年历史中，英吉利海峡两岸的高卢和不列颠都曾有过同样的经历：遭遇不同族群和文化的入侵。首先是说凯利语和不列颠语的凯尔特人入侵，紧接着是说拉丁语的罗马人和公元后五世纪的日耳曼人入侵。有趣的是，虽然拉芒什海峡两岸经历了类似的历史变迁，但各自的语言却脱胎于不同的语族：法语源自拉丁语，英语源自日耳曼语。因此，语言学家把这两种语言看作是同系不同族。然而，由于英、法两国的近邻关系，以及联姻、贸易、战争等因素，法语和英语在历史的长河中一直互相影响，互相丰富，以至于英语成了与罗曼语最接近的日耳曼语支。

◆ 融合

1066 年 1 月，英国国王爱德华去世，哈罗德二世继位。当时统治诺曼底地区的公爵纪尧姆见有机可乘，借口爱德华曾答应让他继承王位，率领诺曼底的贵族和来自法国的骑士，渡海到不列颠南部登陆。哈罗德二世带领卫队和民军仓促迎战，中箭身亡。纪尧姆乘势占领，成为英国国王，并把英国贵族赶出宫廷，用法国贵族取而代之。古法语的词汇因此得以大量进入英语，所以英语的词汇主要由源自法语的词构成。

法国在 17 世纪达到鼎盛时期，成为西欧典型的封建君主制国家。国王路易十四集政治、军事和财政大权于一身，建立了空前强大的绝对王权，被称为"太阳王"。为王权服务的古典主义文化繁荣发达，出现了一套等级分明的规则和礼仪。当时从宫廷装饰、言谈举止到文学艺术，法国的一切都成了欧洲各国宫廷模仿的榜样，从而使古典主义的影响在欧洲持续了一两百年之久。这方面最突出的是法语的影响。中世纪的学者只使用拉丁语写作，因此古法语相对贫乏。到文艺复兴时期，法语出现了名为"七星诗社"的诗歌流派，为了使法语丰富起来，诗人们大量吸收古代希腊词汇、拉丁语词汇、各种行话术语以及民间俚语，结果矫枉过正，导致法语变得十分庞杂。古典主义讲究统一和规范，首相黎世留为此在 1635 年成立了法兰西学士院，规定院士人数永远保持在 40 位，让他们享有极高的荣誉，而给他们的任务就是编一部字典来纯洁法语。这本字典从 1639 年开始编撰，经过两代人的努力，直到 1694 年才得以出版。

院士们统一了各种方言，制定了语法规则，完成了纯洁法语的任务，使得法语成为一种规范、明晰、准确的语言。从 17 世纪末开始，法语就取代拉丁语，成为国际上的外交语言。当时欧洲上流社会都以说法语为荣。在俄国，年满 18 岁的贵族不会讲法语就不能结婚。

当时的著名作家，甚至女皇叶卡捷琳娜二世都能用法语写作。屠格涅夫等俄国作家的小说，会不时夹杂法语。可以说，从 17 世纪到 19 世纪，法语虽然没有像今天的英语这样具有世界范围的巨大影响，但在欧洲已形成法语的语境。

◆ 分离

百年战争以后，法国在英国失去了占据 300 年之久的优势地位。第一个以英语为母语的英王是 1399 年登基的亨利四世，其子亨利五世于 1413 年继位，并娶法国国王查理六世的女儿为妻。亨利五世第一个改变祖宗规矩，在正式场合只说英语，不说法语，并坚持用英语立下遗嘱。法语从此让位于英语，两者分道扬镳。

法语不再是英国贵族的母语，但仍然是学校的必修语言。13 世纪中叶，英国一名叫瓦尔特的骑士在其编写的法语教材里这样评价法语："这是一门每一位绅士都非学不可的语言。"可见，法语威望犹存，只是被人为地挤出了英国的政治舞台。取而代之的英语至今还在语音、语法和词汇方面留下了明显的法语烙印。从 14 世纪末开始，英国出现了一批有名的诗人、作家、政治家和科学家。他们对丰富和发展英语均做出了重要的贡献。最早的人物首推英国诗人乔叟，其代表作《坎特伯雷故事集》在英国家喻户晓。以后的培根、托马斯·莫尔、莎士比亚、本·琼森，以及科学家牛顿等，都为英语的发展和巩固做出了重要贡献。

16 世纪，随着印刷术传入欧洲，英语得以在英国民间广泛传播，但欧洲文艺复兴运动的兴起，又使得英国人热衷于保留那些源于拉丁语和希腊语的高雅词，并且继续从这两种古老的语言，尤其是拉丁语中汲取创造新词的原料。部分拉丁语词被直接采用，如 *appendix, axis*；另一部分则仅仅改变了拉丁语的词尾。与法语相比，同源于拉丁语动词的英语词主要区别在词尾。英语以拉丁语的过去分词为基础（拉丁语动词的过去分词结尾为 -atus）造新词，而法语动词却在拉丁语不定式（拉丁语动词的不定式结尾为 -are）基础上造新词。如英语的 *celebrate*、*complicate*、*congratulate*、*confiscate*、*contemplate*，法语的 *célébrer*、*compliquer*、*congratuler*、*confisquer*、*contempler* 等。另外，由于 16 世纪的英国热衷于借用拉丁语，导致出现了一种人为的语言"返祖"现象，许多早在 14 世纪已经进入英语的法语词，又被重新改造，使其在词形和发音方面更接近拉丁语。最典型例子是法语词 *aventure*、*dette*、*doute* 被改造为 *adventure*、*debt*、*doubt*。

法语在英国失去了优势以后，却在欧洲得到推广和发展。由于拉丁语长期是教会的语言和传播知识的语言，而法语脱胎于拉丁语，可以说是拉丁语的变体，在保持拉丁语严谨、准确的特点同时，又改造了拉丁语繁复的语法、词形和发音，加之法国在欧洲日益强盛，法语很快成了欧洲的外交语言和上流社会语言。意大利作家如但丁、马可·波罗等直接用法语写作。德国作家布莱尼茨也常用法语。法国的英雄史诗在欧洲流行，并影响了欧洲的文人墨客。西班牙、葡萄牙、德国以及荷兰等国的诗人，从法国的英雄史诗中汲取营养，创作了大量的史诗。普鲁士国王弗里德里希二世下令，柏林科学院用法语取代拉丁语。

◆ 发展

　　法国大革命的开始标志着英语与法语再次亲密接触。如果说百年战争前英国崇尚法国，以讲法语为荣，那法国大革命时期，情况恰好相反。这一时期的法国人崇拜英国的哲学、议会制、园林，并以讲英语为时尚。表现英国新生事物的词语也随着革命的引进而大量进入法语。可以说，这是法语历史上前所未有的大规模引进英语词的时代。此前，虽然也有向英语借词的现象，但人们并不在意。当时法国《科学知识百科全书》的作者之一达朗贝尔，把法国人崇尚英国的这种热情叫作"崇英狂"。从此，英语便不间断向法语输送新的词汇。进入20世纪以后，尤其是1948年的马歇尔计划把美国文化带进了欧洲，后来随着美国国力的增长和经济的全球化，特别是当代国际互联网的发展，美式英语潮水般涌进法语，法国人从此感到自己的语言受到前所未有的威胁和挑战。

　　无论英语或法语，都经历了三个语言变革时期：古法语/古英语、中古法语/中古英语、现代法语/现代英语。前两个时期，法语影响英语较多，而现在情况相反，多是英语影响法语。由于前面提到的历史原因，英、法语中有很多同源同形（或形似）的词，但在各自演变的过程中形成了不同的词义范围，有的不仅词形相同或相似，而且词义相同，但是也有相当数量的词"形似神非"。法国罗贝尔与 CLE International 联合出版的《法语词典》（1933）对这类词特别加注，提醒人们不能望文生义，如 lecture 法语是"阅读"，英语是"讲座"；sensible 法语是"敏感的"，英语是"明智的，有判断力的"。要想学好这两门语言，有必要多了解它们的历史和文化，以下简单从单词和句子两方面来比较一下。

A. 单词

- 完全相同　administration　　*administration*
　　　　　　construction　　　*construction*
　　　　　　chauffeur　　　　 *chauffeur*
　　　　　　oriental　　　　　*oriental*
　　　　　　parents　　　　　 *parents*

- 基本相同　madame　　　　　*madam*
　　　　　　famille　　　　　*family*
　　　　　　institut　　　　　*institute*
　　　　　　lettre　　　　　　*letter*
　　　　　　téléphone　　　　*telephone*

- 构词方法相同 peut-être　　　*maybe*
　　　　　　　bonjour　　　　*good morning*
　　　　　　　après-midi　　 *afternoon*
　　　　　　　à la fin de　　 *in the end of*
　　　　　　　loin de　　　　 *far from*

B. 句子
- 结构相同

Qui	est	ce	?	
Who	is	it	?	
Ce	est	Philippe	.	
It	is	Philippe	.	
Où	est	le	journal	?
Where	is	the	newspaper	?

- 时态：过去、现在、将来

时态	法语	英语
现在	现在时	一般现在时
过去	简单过去时（等几个过去时皆可）	一般过去时
	未完成过去时	过去进行时
	复合过去时	现在完成时
	愈过去时	过去完成时
将来	简单将来时	一般将来时
	先将来时	将来完成时
	过去将来时	过去将来时

- 语态：主动态，被动态

语态	法语	英语
主动态	J'écris une lettre.	I write a letter.
被动态	La lettre est écrit par moi.	The letter is written by me.

2.1.2 词类

法语有九大词类：名词、冠词、形容词、代词、动词、副词、介词、连词和叹词。

A. 名词

a. 法语名词有阴、阳性之分。

有生命的名词按自然属性划分阴、阳性。没有生命的名词有规定的阴、阳性。表示身份、职业、国籍等的名词，有双重性别，可互相转换；一般阳性为基本性（跟宗教有关），再从阳性变为阴性；最基本的阳性变阴性的方法为词尾＋e。

b. 法语名词有单、复数之分。

最基本的单数变复数的方法为词尾＋s。

c. 法语名词前要使用限定词。

限定词一般只能使用一个，常见的限定词有冠词、主有形容词、指示形容词、数词等。

B. 冠词

冠词就像名词的帽子，永远置于名词的前面，用来表明名词的性、数和性质。冠词分为定冠词、不定冠词和部分冠词。

a. 定冠词有 le、la、les。（le、la 后如果跟元音或者哑音 h 开头的词，要注意省音）

① 表示特指。

② 表示同一场景中第二次出现，或者重复提到某人、某物。

③ 表示名词被另一成分所限定。

④ 表示双方都熟悉的人或物。

⑤ 表示独一无二的事物。

⑥ 表示人或物的总体，或表示一个概念。

⑦ 表示专有名词或特殊名词。

b. 不定冠词有 un、une、des。

① 表示泛指、不确指或没有被限定。

② 表示初次提到某人、某物。

③ 英语中用 *some*、*any* 的时候，法语中可能会用不定冠词 des。

c. 部分冠词有 du、de la、des。（du、de la 后如果跟元音或者哑音 h 开头的词，都要省音为 de l' 的形式）

① 表示不可数或一部分、一些等概念。

② 用于某些抽象名词前。

③ 动词 faire ＋部分冠词＋科学、艺术、文体活动的名词＝从事、做、学。

d. 缩合冠词。（在介词中详解）

e. 省略冠词。

① 使用了其他限定词时。

② 介词 en 后的名词不加冠词。

③ 表示身份、职业、国籍等的名词作表语时。

④ 名词通过介词 de 作补语，表示性质时。

⑤ 否定＋直接宾语＋不定冠词＝用 de 代替冠词。

⑥ 人名、城市名、特殊名词、专有名词等。

C. 形容词

形容词是用来修饰、说明或者限定名词的，要与所搭配名词的性、数保持一致，称作性、数配合。形容词分为两类：品质形容词、非品质形容词(限定词)。

D. 代词

代词用来代替名词，起减少或避免名词重复使用的作用。代词主要有以下三种。

a. 主语代词有 je、tu、il、elle、nous、vous、ils、elles、on 等。

b. 重读人称代词有 moi、toi、lui、elle、nous、vous、eux、elles、soi。

c. 疑问代词有 qui、que 等。

E. 动词

动词表示动作或状态。在句中，动词要按照人称、时态、语态等进行相应的变位。

a. 根据变位，可将动词分为三类。

① 第一组规则变位动词，以 er 结尾。

② 第二组规则变位动词，以 ir 结尾。

③ 第三组不规则变位动词。

b. 根据宾语的使用情况，可将动词分为两类。

① 及物动词。及物动词影响两个成分，即主语和宾语。

Elle enseigne le français.

Ils regardent la télévision.

及物动词分为两种：直接及物动词、间接及物动词。

直接及物动词：动词和宾语之间不需要介词引导，宾语为直接宾语。

Elle enseigne le français.

间接及物动词：动词和宾语之间一定要介词引导，宾语为间接宾语。

Je pense à toi.

有些动词既可作直接及物动词，又可作间接及物动词，但表达的意义不同。

Je parle français.

Je parle à toi.

Elle donne un livre à Catherine.

② 不及物动词。不及物动词只影响一个成分，即主语。

Je pense !

Il pense en français.

Nous allons à la piscine.

有些动词既可作及物动词，又可作不及物动词。

Je pense !

Je pense à toi.

Tu parles !

Tu parles français.

Tu parles à moi.

F. 副词

副词修饰、说明动词、形容词或副词，不可以直接修饰、限定名词。副词没有性、数变化，是相对固定的词类。

  Écoutez bien Je vais très bien Elle est vraiment belle

  在法语中，副词通常由形容词的阴性词形加后缀 -ment（ly）构成，当然也有特殊情况，如下表。

阳性形容词	阴性形容词	词尾＋ment	副词
lent	lente	→	lentement
rapide	rapide	→	rapidement
léger	légère	→	légèrement
attentif	attentive	→	attentivement
heureux	heureuse	→	heureusement
fou	folle	→	follement
以 -i、-é、-u 结尾的形容词直接由其阳性单数形式加ment构成副词(也有例外)			
vrai	×	→	vraiment
以ant、ent结尾的形容词要将ant、ent改成am、em，再加后缀ment			
prudent	prudente	prudem	prudemment
特殊情况			
profond	profonde	profondé	profondément
précis	précise	précisé	précisément
bref	brève	briève	brièvement
gentil	gentille	genti	gentiment
另外，法语中有些形容词不能加-ment构成副词（如content）			

G.介词

  介词的使用取决于动词或名词，它的位置是在动词后，名词前。常见的介词有 à、de、dans、chez、sur、en、devant、derrière、dessus、dessous 等。

  介词 à 和 de 遇见冠词 le 和 les 时，还会出现缩合的问题，称为缩合冠词。

  de + le = du de + les = des

  à + le = au à + les = aux

  缩合冠词也有省音的问题，当后面接以元音或哑音 h 开头的词时，以元音结尾的缩合冠词 du、au 要先还原成 de le、à le，然后再用 le 进行省音，也就是变成 de l' 和 à l' 的形式。

  Où allez-vous ? —Je vais au marché.

  Où allons-nous ? —Nous allons au café.

  Où vont-ils ? —Ils vont à la cantine.

  Où vont-elles ? —Elles vont à l'école.

  Avez-vous un stylo ? —Oui, j'ai un stylo.

Où est le stylo ? —Il est sur le bureau.
Avez-vous un vélo ? —Oui, j'ai un vélo.
Où est le vélo ? —Il est dans mon bureau.

H. 连词

连词连接两个或两个以上的成分，这些成分可以是词、词组、句子等。常见连词有 et、mais、comme 等。

Sophie et moi, nous sommes bons amis. 苏菲和我是好朋友。
La vie est belle, mais la vie est chère. 生活是美好的，但生活是昂贵的。
Sur la terre comme au ciel. 如同置身天堂。

I. 叹词

叹词是表示感情和情绪的词，如 oh、ah、merci、oh là là 等。
Oh là là, il y a trop de monde. 天哪，太拥挤了。
Merci, merci, vous êtes très gentil. 谢谢您，谢谢您，你真是太客气了。

2.1.3 人称代词

人称代词包括主语人称代词、重读人称代词，宾语人称代词（直接宾语人称代词和间接宾语人称代词）、泛指人称代词等。较常见的是前两种。

A. 主语人称代词

顾名思义，主语人称代词是只能作主语的人称代词。法语中有八个人称，分别是我、你、他、她、我们、你们（您）、他们、她们。如下表。

人称	单数			复数		
	法语	中文	英语	法语	中文	英语
第一人称	je	我	*I*	nous	我们	*we*
第二人称	tu	你	*you*	vous	你们（您）	*you*
第三人称	il	他、它	*he, it*	ils	他们	*they*
	elle	她、它	*she, it*	elles	她们	*they*

注意：

① 法国人很有礼貌，在称呼方面非常讲究，经常会使用尊称 vous（您）。"您"常在初次见面的、不太熟悉的、年长的、级别高的以及尊敬的人等之间使用，而 tu（你）常在非常熟悉的、年幼的、朋友等之间使用。不认识的人从陌生到熟悉，称呼会变化，从一开始的 vous 转变成 tu。改变称呼之前，一般要非常礼貌地询问别人："Est-ce que nous pourrions nous tutoyer?（我们可否以你相称？）"

Pas de formalités entre nous, on se tutoie!
我们之间别讲客套，互相称呼"你"吧！

Tu peux m'appeler par mon prénom et me tutoyer.

你可以叫我名字，并用"你"称呼我。

Je me tutoie avec Céline, elle est ma meilleure amie.

我跟赛琳娜很熟悉，她是我最好的朋友。

Il tutoie ses collègues de travail.

他对同事以"你"相称。

② 第三人称单、复数除了指人外，还可以指物，也有阴、阳性和单、复数的区别。需要特别说明的是，第三人称单数的 il 不仅可以指人或物，还可用作无人称主语（无人称表达法），表时间、天气、有没有等不强调人称的表达方法。

Il est trois heures et demie.

现在是三点半钟。

Il fait nuit, il fait froid.

天很黑，天气很冷。

Il y a beaucoup de choses.

有很多事情。

Il est interdit de stationner.

禁止停车。

③法语中除了以上8个人称代词以外，还有一个泛指人称代词on，也只能作主语。泛指，顾名思义就是没有特别针对指代你、我、他，而是某人、有人、人家、别人、大家、人们、咱们等意思，也可以说是一种不确定的，含糊、含蓄、委婉、有技巧的表达方式。on 可指单数和复数的人，但切记，动词变位要用第三人称单数。所以其实可以说，法语有 9 个作主语的人称代词。如下表。

人称	单数			复数		
	法语	中文	英语	法语	中文	英语
第一人称	je	我	*I*	nous	我们	*we*
				on	大家、人们、咱们	*everyone, everybody people*
第二人称	tu	你	*you*	vous	你们（您）	*you*
第三人称	il	他、它	*he, it*	ils	他们	*they*
	elle	她、它	*she, it*	elles	她们	*they*
	on	某人、有人、人家、别人	*someone, somebody, other people*			

On ne saurait penser à tout.
一个人不能什么都想到。
On vivait mieux autrefois.
以前的人过得更好。
On frappe à la porte.
有人敲门。

B. 重读人称代词

顾名思义，重读人称代词有两方面的含义：其一是重读的时候用，其二是作人称代词用。重读人称代词如下表。

主语人称代词	重读人称代词	主语人称代词	重读人称代词
je	moi	nous	nous
tu	toi	vous	vous
il	lui	ils	eux
elle	elle	elles	elles
on	soi		

① 作主语的同位语（重读表强调）。
Lui, il connaît le peintre de ce tableau. = *Him, he knows the painter of the picture.*
② 用于 c'est 后或者省略句中（重读）。
C'est Marco ? Oui, c'est lui. = *This is Marco ? Yes, this is him.*
Qui veut lire le journal ? Moi. = *Who wants to read the newspaper ? Me.*
③ 用在介词后（重读）。
Je travaille avec elle chez moi. = *I work with her in my home.*
④ 作不前置的宾语人称代词（重读）。
Regarde - moi ! = *Look at me !*

2.1.4 名词的性、数

法语名词有阴、阳性和单、复数之分，单、复数很好理解，数量 1 以上的就是复数，最基本的单、复数变化方法就是在单数名词后面加 s 变成复数名词，当然也有特殊情况。

A.单数 ⟶ 复数

● + s

étudiant — étudiants chaise — chaises

● 以 s、x、z 结尾的单数名词无变化

bois voix nez

●au、eu、eau、ou — + x
veau — veaux feu — feux bleu — bleux bijou — bijoux
●al — aux
journal — journaux
●ail — aux
travail — travaux

B. 阳性 ⟶ 阴性

法语名词还有阴、阳性之分，有生命的名词可以按照自然属性区分阴、阳性，比如男人为阳性，女人为阴性；公鸡为阳性，母鸡为阴性。没有生命的名词无法按照其自然属性区分阴、阳性，但法语造词的时候，早已经把没有生命的名词强制安上了阴、阳性，比如桌子为阴性（une table），书为阳性 (un livre)，窗子为阴性 (une fenêtre)，笔为阳性 (un stylo) 等。这些只能通过查字典来知晓。所以在学习法语的时候，每记忆一个名词，都要连同它的阴、阳性一起记忆，否则后患无穷。

另外还有表示身份、职业、国籍等的名词，这类名词是有阴、阳性变换的。什么时候用阴性或阳性，取决于所搭配主语的阴、阳性，而主语必定是人，因为只有人才具有身份、职业、国籍等特征。这类名词阴、阳性变换的最基本规则是在阳性名词后面加 e 变为阴性名词。除此以外也有不少例外情况。

● + e
ami — amie copin — copine
● 阳性名词本身是以 e 结尾的，阴性没有变化
journaliste — journaliste cadre — cadre
● 历史原因，只有阳性没有阴性，若强调阴性，加 femme（女人）
ingénieur professeur avocat
● en — enne
technicien — technicienne
● eur — euse
vendeur — vendeuse
● teur — trice
acteur — actrice
● f — ve
sportif — sportive
● er — ère
ouvrier — ouvrière étanger — étrangère

2.1.5 形容词的配合

法语形容词与英语形容词有很大区别。其一是法语的形容词有性、数变化,要与所搭配的名词保持性、数一致。其二是法语形容词一般放在所修饰名词的后面,并要保持性、数一致。法语形容词分为品质形容词和非品质形容词两类。顾名思义,品质形容词修饰、说明所搭配名词的品质。非品质形容词即限定词,放在名词前面,限定名词的性、数、关系等。

A. 品质形容词

修饰、说明名词,或者作表语。形容词要根据所搭配名词的性、数做相应变化,所以形容词也有阴、阳性和单、复数的变化,其基本规则跟名词相同,即 + e、+ s 等。如下表。

阳性单数	阴性单数	阳性复数	阴性复数
grand	grande	grands	grandes
rapide	rapide	rapides	rapides
français	française	français	françaises

特殊规则大部分情况也可以参考名词。

étranger — étrangère
délicieux — délicieuse
italien — italienne
attentif — attentive

性数搭配举例。

un homme grand   des hommes grands
une femme grande   des femmes grandes
Il est grand.
Elle est grande.
Ils sont grands.
Elles sont grandes.

品质形容词一般放在名词后面,少数简短、常用的,可放名词前或后(grand、petit、bon、mauvais、jeune、vieux、beau、joli、haut 等),但前置和后置的意义截然不同。

un homme grand 一个高大的男人
un grand homme 一个伟大的男人
un livre cher 一本贵的书
cher ami 亲爱的朋友
un paysan pauvre 一个贫苦的农民
un pauvre paysan 一个可怜的农民

un main propre 一只干净的手
sa propre main 亲手
une chemise sale 一件脏衬衣
une sale affaire 一件卑鄙的勾当
une femme brave 一个勇敢的女人
un brave homme 一个正直的人
un visage triste 一张忧愁的脸
un triste roman 一部乏味的小说
une maison ancienne 一幢古老的房子
une ancienne camarade 一个老同学

◆ 比较英语和法语

An intelligent girl.
Une fille intelligente.
A beautiful intelligent girl.
Une belle fille intelligente.

B. 非品质形容词

一般为限定词，起限定名词的作用。可以是主有形容词、指示形容词或数词等。非品质形容词也要根据所限定名词的性、数做相应变化，一般置于名词前。

2.1.6 限定词

A. 冠词

	不定冠词	定冠词	部分冠词	
阳性	un	le	du	部分冠词属于不定冠词的一种，区别是部分冠词常用于不可数名词或抽象名词前，表示"一些""一点"的意思。常用于作宾语的食物类名词前。土食鱼肉类、饮料酒水类、果酱黄油类等都用单数词形；蔬菜水果类名词用复数词形
阴性	une	la	de la	
复数	des	les	des	
后面跟以元音或哑音h开头的词时，有省音现象发生				
阳性	un	l'	de le ~ de l'	
阴性	une	l'	de l'	
复数	des	les	des	

Je mange du pain et de la viande. = *I eat some bread and some meat.*

Vous voulez du café ou du thé ? = *Would you like some coffe or some tea?*

Il y a des fruits dans mon sac. = *There are some fruits in my bag.*

B.主有形容词

被拥有物 拥有者	阳性单数	阴性单数	复数（不强调阴阳性）	被拥有物 拥有者	单数（不强调阴阳性）	复数（不强调阴阳性）
我的	mon	ma	mes	我们的	notre	nos
你的	ton	ta	tes	你们的（您）	votre	vos
他的（她）	son	sa	ses	他们的（她）	leur	leurs
当后面跟以元音或哑音h开头的词时，为了方便发音，主有形容词会有改变						

Est-ce que c'est ton nom?

—Non, ce n'est pas mon nom, c'est son nom.

Est-ce que c'est ta maison?

—Non, ce n'est pas ma maison, c'est sa maison.

Est-ce que ce sont tes photos?

—Non, ce ne sont pas mes photos, ce sont ses photos.

Est-ce que ce sont tes bonbons?

—Non, ce ne sont pas mes bonbons, ce sont ses bonbons.

Avez-vous un stylo ?　　—Oui, j'ai un stylo.

Où est le stylo ?　　—Il est sur le bureau.

Avez-vous un vélo ?　　—Oui, j'ai un vélo.

Où est le vélo ?　　—Il est dans mon bureau

C.指示形容词

	单数	英语	复数	英语
阳性	ce cet	*this*	ces	*these*
阴性	cette	*this*	ces	*these*

注意：

cet 是特殊情况，是为了方便发音，用于以元音或哑音 h 开头的阳性单数名词前（因指示形容词与名词必须连读、联诵）。如果 ce 不变，字母 e 就无法与后面连音。

J'adore ce livre.
Je voudrais ce sac.
Cet étudiant est chinois.
Oh! Cet hôtel est beau!
Cette maison est très jolie.
Cette valise est trop grande.
Ces bonbons sont bons.
Ces nouvelles sont bonnes.
Ces enfants écrivent bien.

D.数词

1	2	3	4	5
un, une	deux	trois	quatre	cinq
6	7	8	9	10
six	sept	huit	neuf	dix
11	12	13	14	15
onze	douze	treize	quatorze	quinze
16	17	18	19	20
seize	dix-sept	dix-huit	dix-neuf	vingt

J'achète cinq pommes et dix tomates.
Deux filles et trois garçons font une groupe.

2.1.7 性、数搭配

在一段话内，全部有性、数变化的词类都要围绕中心词进行性、数的搭配，使之保持性、数一致。中心词一般为名词或代词。

Marie a vingt ans. Elle est Française. Elle est étudiante. Cette belle fille intelligente a une grande famille heureuse. Elle a une petite sœur et un petit frère. Celui-ci s'appelle Pierre et celle-là s'appelle Sophie. Leurs parents les aiment beaucoup ! Ils sont tous très contents de vivre ensemble.

玛丽二十岁了。她是法国人。她是个学生。这个聪明漂亮的女孩有一个幸福的大家庭。她有一个妹妹和一个弟弟。弟弟叫皮埃尔，妹妹叫苏菲。他们的父母非常爱他们！他们非常快乐地生活在一起。

2.1.8 大写字母规则

① 句子无论长短,开头第一个字母要大写。
② 句号、感叹号、问号后的第一个字母要大写。
③ 人的名字和姓,第一个字母都要大写。
④ 特殊名词、专有名词第一个字母要大写。

2.1.9 动词变位

法语动词的原始形态叫作不定式,使用时要按人称(我、你、他、她、我们、你们、他们、她们等)、时态(过去、现在、将来等)、语态(主动或被动等)、语式(陈述、命令、条件、虚拟等)等改变其形式,这叫作动词变位。如动词 être、avoir、aller、faire 为不规则变位动词。如下图。

不定式	je	tu	il/elle	nous	vous	ils/elles
être(是)	suis	es	est	sommes	êtes	sont
avoir(有)	ai	as	a	avons	avez	ont
aller(去)	vais	vas	va	allons	allez	vont
faire(做)	fais	fais	fait	faisons	faites	font

法语动词按照变位特点可以分为三类:第一组规则变位动词(以 er 结尾的动词)、第二组规则变位动词(以 ir 结尾的动词)、第三组不规则变位动词(无明显规律可循)。

规则变位动词的变化方法有规律可循,如以 er 结尾的规则变位动词,在动词变位的时候,只需要把词尾的 er 做相应变位即可。如下图。

-er			
单数人称	词尾变化	复数人称	词尾变化
je	e	nous	ons
tu	es	vous	ez
il	e	ils	ent
elle	e	elles	ent

travailler			
单数人称	词尾变化	复数人称	词尾变化
je	travaille	nous	travaillons
tu	travailles	vous	travaillez
il	travaille	ils	travaillent
elle	travaille	elles	travaillent

aimer			
单数人称	词尾变化	复数人称	词尾变化
je (j')	aime	nous	aimons
tu	aimes	vous	aimez
il	aime	ils	aiment
elle	aime	elles	aiment

présenter			
单数人称	词尾变化	复数人称	词尾变化
je	présente	nous	présentons
tu	présentes	vous	présentez
il	présente	ils	présentent
elle	présente	elles	présentent

appeler			
单数人称	词尾变化	复数人称	词尾变化
je (j')	appelle	nous	appelons
tu	appelles	vous	appelez
il	appelle	ils	appellent
elle	appelle	elles	appellent

étudier			
单数人称	词尾变化	复数人称	词尾变化
je (j')	étudie	nous	étudions
tu	étudies	vous	étudiez
il	étudie	ils	étudient
elle	étudie	elles	étudient

2.1.10 否定式

ne...pas 是法语的否定形式。当在直陈式现在时的否定时，要把动词放在 ne...pas 的中间，即 "ne +动词+ pas" 表示否定。

当动词以元音或者哑音 h 开头时，为了方便发音，ne 要省去词末的元音字母 e，变成 n'，叫作省音。如：Ce n'est pas.　Ce ne sont pas.

　　Est-ce que c'est ta moto ?
　—Non, ce n'est pas ma moto, c'est sa moto.

　　Est-ce que c'est ton vélo ?
　—Non, ce n'est pas mon vélo, c'est son vélo.

　　Est-ce que c'est ton bureau ?
　—Non, ce n'est pas mon bureau, c'est son bureau.

　　Est-ce que ce sont tes stylos ?
　—Non, ce ne sont pas mes stylos, ce sont ses stylos.

　　Est-ce que ce sont tes chapeaux.
　—Non, ce ne sont pas mes chapeaux, ce sont ses chapeaux.

　　Est-ce que ce sont des photos ?
　—Non, ce ne sont pas des photos, ce sont des tableaux.

2.1.11　疑问句

　　法语的疑问句和英语一样，分成两种：一般疑问句（一般疑问句没有疑问词）、特殊疑问句（特殊疑问句带有疑问词）。
　　法语中无论哪种疑问句都有三种表达形式。

A. 一般疑问句

Il est avocat ?（口语，语序不变，语调上升）
Est-il avocat ?（主谓倒装）
Est-ce qu'il est avocat ?（疑问固定词组 est-ce que 放句首，后接陈述句，不能倒装）
注意：
　　固定词组 est-ce que 为一个整体，不能分割，仅仅表示疑问，没有别的含义。切记，后面只能跟陈述句，其主谓不能倒装。因为 est 与 ce 已经是倒装形式（ce est = c'est），所以后面不能再倒装。

B. 特殊疑问句

Il habite où ?（口语）
Où habite-t-il ?（疑问词提前，主谓倒装）

Où est-ce qu'il habite ?（疑问词提前，固定词组 est-ce que 放中间，后接陈述句）

注意：

为什么在主语和谓语之间出现了一个 t 呢？因为在倒装疑问句式中，如果动词以元音结尾，而所用的人称代词亦是元音开头，为了便于发音，要在动词和代词之间加上字母 t 来连音，并以连字符 "-" 连接。此种情况要满足三个条件：句式为倒装疑问句；主语为第三人称单数（il, elle）；动词不以 t / d 结尾。

如：Qui est-ce ?　　　Qui est-ce que c'est ?　　　C'est qui ?
　　Où est-elle ?　　　Où est-ce qu'elle est ?　　　Elle est où ?
　　Que fait-il ?　　　Qu'est-ce qu'il fait ?　　　Il fait quoi ?

特殊疑问句的疑问词分为几种类型：疑问代词 (qui、que、quoi)、疑问副词 (quand、où、comment、combien、pourquoi)、疑问形容词 (quel)。

Qui est cet homme ?

Qu'est-ce que c'est ? = c'est quoi ?

Quand vas-tu à l'école?

Où allons-nous ?

Comment allez-vous ?

Combien ça coûte?

Pourquoi aimes-tu le français ?

注意：

这里要特别强调 quel 的用法。

Quel est votre numéro de téléphone? = *What is your number of telephone?*（单独使用）

Quelle heure est-il ? = *What time is it ?*（后接名词）

quel 与英语中的疑问词 what 相同，但有性、数变化。如下表。

	阳性	阴性
单数	quel	quelle
复数	quels	quelles

quel 放在阳性单数名词前，如：quel professeur。

quels 放在阳性复数名词前，如：quels professeurs。

quelle 放在阴性单数名词前，如：quelle voiture。

quelles 放在阴性复数名词前，如：quelles voitures。

quel 在句中可作成分如下表。

主语	Quel professeur est le plus amusant? 哪位老师更有趣?
直接宾语	Tu aimes quelle voiture? 你喜欢哪一辆车?
间接宾语 （与介词一起使用）	Tu vas donner ce cadeau à quelle étudiante? 你要把这个礼物给哪一个女同学?
表语	Il est quelle heure? 几点了 Quel est ton nom? 你叫什么名字?

此外，quel 还可作感叹形容词，一般与名词搭配使用（名词前常有形容词，也可以没有）。与英语中引导感叹句的 what 基本相同，放在名词前表示"多么"的意思。

Quel beau temps！= *What beautiful weather！*
Quelle belle photo！= *What a beautiful photo！*
Quelles couleurs！= *What colors！*
Ce peintre, quel talent! = *This painter, what a talent！*

2.1.12 这是、这些是

A　Qu'est-ce que c'est ?　　　　　　　　Qu'est-ce que c'est ?
　—C'est une chaise.　　　　　　　　　—Ce sont des chaises.
　—C'est une valise.　　　　　　　　　—Ce sont des valises.
　—C'est une image .　　　　　　　　　—Ce sont des images.
　—C'est une cassette.　　　　　　　　—Ce sont des cassettes.

B　Qu'est-ce que c'est ?　　　　　　　　Qu'est-ce que c'est ?
　—C'est un musée.　　　　　　　　　—Ce sont des musées.
　—C'est un lycée.　　　　　　　　　—Ce sont des lycées.
　—C'esi un cinéma.　　　　　　　　—Ce sont des cinémas.
　—C'est un gymnase.　　　　　　　　—Ce sont des gymnases.

注意：
ce = 这，ces = 这些，是单、复数的区别。后接动词要随之变位，即动词 être 要变为 est 和 sont 与之对应。正常情况下应写成 ce est = c'est, ces sont，但法国人习惯将 ces sont 用成 ce sont。

2.1.13 身份、职业、国籍

表示身份、职业、国籍等类型的词作表语时要省略冠词。

Qui est-ce?　　　　　　　　　　　　—C'est papa.
Qu'est-ce qu'il fait?　　　　　　　　—Il est professeur.
　　　　　　　　　　　　　　　　　—Il est ingénieur.
　　　　　　　　　　　　　　　　　—Il est chauffeur.

Quelle nationalité est-il ?	—Il est chinois.
Qui est-ce?	—C'est maman.
Qu'est-ce qu'elle fait?	—Elle est vendeuse.
	—Elle est chanteuse.
	—Elle est danseuse.
Quelle nationalité est-elle ?	—Elle est chinoise.

2.1.14　时间、年龄

表达时间要用无人称主语 il，用 il est... 的句型。问时间要用疑问形容词 quel 来提问，再加上表示时间的名词 heure，性、数搭配成 quelle heure，后面再跟主谓倒装的形式 est-il，这样就构成了标准的时间问句：Quelle heure est-il ?

Quelle heure est-il?	—Il est une heure.
	—Il est neuf heures.
	—Il est midi.
	—Il est minuit.
Quelle heure est-il?	—Il est deux heures dix.
	—Il est trois heures et quart.
	—Il est cinq heures et demie.
	—Il est huit heures moins cinq.
	—Il est dix heures moins le quart.
Quelle heure est-il ?	—Il est cinq heures et quart.
	—Il est six heures et demie.
Quelle heure est-il ?	—Il est sept heures moins dix.
	—Il est huit heures moins le quart.

表达年龄要用动词 avoir（有），后面一定要跟 an（年，大于 1 要加 s，即 ans），有多少岁就有多少年，这点与英语不同。疑问词同样要用 quel，配合阳性名词 âge 形成 quel âge 的疑问形式，后面主谓倒装。如下表。

人称	问题	回答
je	Quel âge ai-je? / Quel est mon âge?	J'ai un an.
tu	Quel âge as-tu?	J'ai deux ans.
il	Quel âge a-t-il?	Il a trois ans.
elle	Quel âge a-t-elle?	Elle a quatre ans.
nous	Quel âge avons-nous?	Nous avons cinq ans.

续表

人称	问题	回答
vous	Quel âge avez-vous?	Nous avons six ans.
ils	Quel âge ont-ils?	Ils ont sept ans.
elles	Quel âge ont-elles?	Elles ont huit ans.
		neuf ans
		dix ans
		onze ans
		douze ans
		treize ans
		quatorze ans
		quinze ans
		seize ans
		dix-sept ans
		dix-huit ans
		dix-neuf ans
		vingt ans

2.1.15 哪里、哪儿

特殊疑问词 où 表示哪里、哪儿。动词 aller 意为去、走。如下表。

人称	问题	回答
je	Où vais-je? / Où est-ce que je vais? / Je vais où?	Je vais au jardin.
tu		
il		
elle		
nous		
vous		
ils		
elles		

```
                aller
je vais         nous allons
tu vas          vous allez
il/elle va      ils/elles vont
```

Où allez-vous?	—Je vais au jardin.
	—Je vais au marché.
Où allons-nous?	—Nous allons au magasin.
	—Nous allons au café.
Où vont-ils?	—Ils vont au cinéma.
	—Ils vont à la cantine.
Où vont-elles?	—Elles vont à la banque.
	—Elles vont à l'école.

2.1.16 这（儿）是、那（儿）是

法语中可以用 c'est 和 ce sont 来表达"这是、这些是"，相当于英文的 this is / it is / these are。voici 也可以表达"这是"的含义，更着重强调地方，可以对应英语的 here is / here are / this is。与之对应的 voilà 表达"那是、那儿是"的含义，可以对应英语的 there is / there are / that is。法语中没有与 that、those 完全对应的词，如需要强调"那"，可使用地点副词 là（那）来表示。如下表。

法语	英语
c'est	this is / it is
ce sont	these are
voici	here is / here are / this is
voilà	there is / there are / that is
il y a	there is / there are

Voici une lettre, voilà une carte postale.
La lettre est à toi, la carte postale est à moi.

Voici un roman, voilà un magazine.
Le roman est à toi, le magazine est à moi.

Voici des manuels, voilà des dictionnaires.
Les manuels sont à vous, les dictionnaires sont à nous.

Voici un stylo, voilà un crayon.
Le stylo est à toi, le crayon est à moi.
Voici des cahiers, voilà des livres.
Les cahiers sont à vous, les livres sont à nous.

2.2 中级语法总结

2.2.1 介词de（la préposition «de»）

A. 表示空间、时间的距离＝from

J'arrive de France. ＝ *I arrive from France.*

Sophie rentre de la Sorbonne à midi. ＝ *Sophie comes back home from the Sorbonne at noon.*

B. 表示所属关系＝of

le sac de ma sœur ＝ *the bag of my sister*
　　　　　　　　＝ *my sister's bag*

la porte du bureau ＝ *the door of the office*

C. 表示品质、性质

un manuel de français ＝ *a French textbook*

un hôtel de province ＝ *a provincial hotel*

注意：

表示所属关系时，de 后面的名词不省略冠词；表示品质、性质时，de 后面的名词要省略冠词。

◆试比较

un professeur de français (*a teacher of French ＝ a French language teacher*) ≠ un professeur français (*a French teacher ＝ a French nationality teacher*)

D. 用于否定句，代替直接宾语前的不定冠词或部分冠词

J'ai une voiture. → Je n'ai pas de voiture.

Il a des amis. → Il n'a pas d'amis.

J'ai des cours. → Je n'ai pas de cours.

J'ai une chemise. → Je n'ai pas de chemise.

Je mange des légumes. → Je ne mange pas de légumes.

Je bois du vin. → Je ne bois jamais de vin.

E. 代替不定冠词 des（名词前有形容词修饰时）

不定冠词 des ＋复数形容词＋复数名词 （des jolies cartes postales）

↓

de 代替 des

↓

介词 de ＋复数形容词＋复数名词 （de jolies cartes postales）

2.2.2 主语为名词的疑问句（les phrases interrogatives où le sujet est un nom）

无论是一般疑问句还是特殊疑问句，基本上主语都为人称代词。当主语为名词时，会有另外一种形式的疑问句产生，可称之为"象征性倒装"疑问句。现将各种形式陈列如下。

a. 口语中的顺序：Son père travaille où ?

主谓倒装：Où travaille son père ?

est-ce que：Où est-ce que son père travaille ?

象征性倒装：Où son père travaille-t-il ?

b. 口语中的顺序：Pourquoi ses parents préfèrent Venise ?

主谓倒装：1. 主语是名词；2. 动词有宾语 → 不能直接主谓倒装

est-ce que：Pourquoi est-ce que ses parents préfèrent Venise ?

象征性倒装：Pourquoi ses parents préfèrent-ils Venise ?

c. 口语中的顺序：Son père travaille?

主谓倒装：1. 主语是名词；2. 一般疑问句（无疑问词）→ 不能直接主谓倒装

est-ce que：Est-ce que son père travaille ?

象征性倒装：Son père travaille-t-il ?

d. 口语中的顺序：Pourquoi Marco est fatigué ?

（否定）Pourquoi Marco n'est pas fatigué ?

主谓倒装：主语是名词，动词是 être，不能直接主谓倒装

est-ce que：Pourquoi est-ce que Marco est fatigué ?

（否定）Pourquoi est-ce que Marco n'est pas fatigué ?

象征性倒装：pourquoi Marco est-il fatigué

（否定）Pourquoi Marco n'est-il pas fatigué ?

注意：

① 当主语是人称代词时，无法使用象征性倒装，因为象征性倒装是用人称代词代替名词主语，与动词进行倒装，避免名词主语直接与动词倒装出现麻烦。如果主语本就是人称代词，就不可能再用代词来代替代词了，代词可以直接倒装。不能使用主谓倒装的情况包括主语是名词，动词有宾语，句式为一般疑问句，动词是 être 等。

② 加上"象征性倒装"，法语共有四种疑问句形式。

③ 口语的顺序和法语固有的 est-ce que 形式，一般可用于所有疑问句。est-ce que 形式的问句既可用于口语，也可用于书面语，非常方便。

2.2.3 第二组规则变位动词（Les verbes réguliers du 2e groupe）

部分以 ir 结尾的动词是第二组规则变位动词，但有以下几点需要注意：

① 与第一组规则变位动词不同（几乎所有以 er 结尾的动词都是第一组，除了 aller），第二组规则变位动词不能以词尾 ir 作为唯一参考标准，并不是所有 ir 结尾的都是第二组规则变位动词，有很多以 ir 结尾的都是第三组不规则变位动词，如 venir、dormir 等。

② 记住第二组的，剩下以 ir 结尾的就是第三组不规则变位动词。（没有捷径）

③ 表示状态、性质、质地、颜色等变化的动词，很多都是第二组规则变位动词，如 finir、rougir、jaunir、grandir、réussir.

④ 变位方法：去掉词尾 ir，根据不同人称分别加上对应的词尾即可。如下表。

主语人称代词	词尾	主语人称代词	词尾
je	- is	nous	- issons
tu	- is	vous	- issez
il	- it	ils	- issent
elle	- it	elles	- issent

finir			
je	-finis	nous	- finissons
tu	- finis	vous	- finissez
il	- finit	ils	- finissent
elle	- finit	elles	- finissent

rougir			
je	- rougis	nous	- rougissons
tu	- rougis	vous	- rougissez
il	- rougit	ils	- rougissent
elle	- rougit	elles	- rougissent

jaunir			
je	- jaunis	nous	- jaunissons
tu	- jaunis	vous	- jaunissez
il	- jaunit	ils	- jaunissent
elle	- jaunit	elles	- jaunissent

grandir			
je	- grandis	nous	- grandissons
tu	- grandis	vous	- grandissez
il	- grandit	ils	- grandissent
elle	- grandit	elles	- grandissent

réussir			
je	- réussis	nous	- réussissons
tu	- réussis	vous	- réussissez
il	- réussit	ils	- réussissent
elle	- réussit	elles	- réussissent

2.2.4 最近将来时（le futur immédiat）

表示很快、马上、立刻、即将要发生的动作，相当于英语的 *be going to* 或一般将来时。
Le match va commencer. = *The match is going to start.*
Demain, on va visiter la Tour Eiffel. = *Tomorrow, we are going to visit Eiffel Tower./ Tomorrow, we will visit Eiffel Tower.*

从以上例句可以看出，法语最近将来时的结构为：aller（直陈式现在时变位）+动词不定式（动词原形）。这个结构从字面上来看，还可以翻译成"去做某事"。相当于英语的 go to do sth.。
Je vais voir le médecin. = *I go to see the doctor.*
Nous allons nager à la piscine. = *We go to swim in the swimming pool.*

2.2.5 副代词（le pronom adverbial « y »）

法语中有两个常用副代词 y 和 en，它们既可以作副词又可以作代词，位置必须放在相关动词前，是为了表达简洁，避免重复。此处只学习 y 的用法。

① 代替介词 à, en, dans, sur, chez 等（de 除外）引导的地点状语，词义相当于英语的 there。
——Il est à l'école/en ville/dans le magasin?
——Oui, il y est.
② 代替"介词 à + 名词"作间接宾语（只能代替物，不能代替人）。
——Il pense toujours aux vacances?

—Oui, il y pense toujours.

—Est-ce que tu réponds à sa lettre?

—Oui, j'y réponds.

如果间接宾语指人，则不能用 y 代替，须用间接宾语人称代词或重读人称代词代替。

—Elle pense à Marc?

—Oui, elle pense souvent à lui.（重读人称代词作间接宾语）

—On téléphone à Marie?

—Non, on ne lui téléphone pas.（间接宾语人称代词前置）

③ 代替形容词补语中的 "à +事物名词"。

—Est-il habitué(a. 习惯于) au climat de Nanjing?

—Non, il n'y est pas habitué.（y = au climat de Nanjing）

④ 代替由 à 引导的不定式或一个句子（=中性代词）。

—il faut faire un stage la semaine prochaine, n'y renoncez pas! (y = à faire un stage)

⑤ 口语中有一些副代词 y 约定俗成的用法，代替的往往是彼此心里都清楚的一件事情。这种情况需要根据上下文去判断。

La table est prête. Allons-y. 饭已备好。咱们吃吧（咱们开动吧）。

Si tu insistes, vas-y. 如果你坚持，那请吧（那就去吧）。

Ça y est! 好了！/成了！/行了！/完了！/搞定了！/OK 了！

⑥ 在肯定命令式中，以 er 结尾动词的 tu 人称变位与 y 连用时，要恢复已经去掉的 s，如 Vas-y! Restes-y! Penses-y!

注意：

法语中有规定，满足以下三个条件，词尾的 s 要去掉：命令式的肯定形式；动词以 er 结尾；人称是第二人称单数 tu。

Reste à maison, ne sors pas !

Pense bien, toi ! Ne fais pas de bêtises !

2.2.6 冠词（l'article）

冠词包括定冠词（l'article défini）、不定冠词（l'article indéfini）、部分冠词（l'article partitive）。如下表。

	单数		复数
	阳性	阴性	
定冠词	le (l')	la (l')	les
不定冠词	un	une	des
部分冠词	du (de l')	de la (de l')	des

A. 部分冠词

部分冠词的真正含义就是从整体中提取一部分的意思，其词形 du、de la、des 其实就是来自整体的一部分，因为 du = de le；de la = de la；des = de les。这里的 de = from，表示"从……"，后面的定冠词 le、la、les 表示整体、全部、集合等，所以合并在一起可以看成是从整体而来的一部分或从全部中提取的一部分等。试比较：

Je prends le pain. (= tout le pain) (我吃那个面包。)

Je prends un pain. (= un pain entier) (我吃一个面包。)

Je prends du pain. (= une partie du pain) (我吃一些面包。)

① 部分冠词用于具体的不可数名词、抽象名词前。

Voulez-vous du vin ? (您要酒吗？)

Vous avez de la chance. (您真幸运。)

② 部分冠词用于 faire 后面的名词前，表示从事、进行某种活动（多为文体、学科）。

Nous aimons faire de la natation. (我们喜欢游泳。)

J'ai deux amis qui font de la médecine à Shanghai. (我有两个朋友在上海学医。)

③ 和 il fait、il y a 等无人称短语连用，表示气候、天气等自然现象。

Il fait du vent. (刮风了。)

Il y a toujours du brouillard dans cette ville. (这个城市总是大雾弥漫。)

注意：

表示自然现象的名词后，如果带有形容词修饰，这个名词要用不定冠词。

Il y a un vent très fort. (今天有大风。)

④ 部分冠词用于动物名词前，一般指动物的肉。

Il a acheté du bœuf. (他买了牛肉。)

On trouve du lièvre ici. (在这里可以买到野兔肉。)

⑤ 当表示"确指"或表示某一事物的"总体"概念时，部分冠词要改用定冠词或不定冠词。

Je prends de la confiture tous les matins, parce que j'aime la confiture. （我每天早晨吃果酱，因为我喜欢果酱。）

B. 定冠词

① 表示曾经提到过的人或事物。

Voici des étudiants. Les étudiants sont dans la classe. （这是一些大学生。这些大学生在教室里。）

Il y a une photo dans la lettre. La photo est très belle. （信里有一张照片。照片很美丽。）

② 表示唯一的、特指的人或事物。

La Chine est un grand pays. （中国是一个大国。）

La Terre tourne autour du Soleil. （地球围绕着太阳转。）

③ 表示人或事物的总体概念，这时用定冠词指某一类的人或事物，一般用定冠词单数，但有时也可出现用复数的情况。

L'homme est mortel.（人总是要死的。）
La voiture est très commode.（汽车很方便。）

④ 表示谈话的双方都熟知的人或事物。

Le directeur ne viendra pas.（经理将不来了。）
Le facteur est venu.（邮递员来过了。）

⑤ 有关的名称已被其他成分限定，这个成分可以是关系从句、形容词或名词补语。

La famille de Sophie habite à Paris.（索菲一家住在巴黎。）
L'homme qui est venu était grand.（来人是个大个子。）

⑥ 定冠词起泛指形容词的作用，相当于泛指形容词 chaque，用在表示星期的名词 lundi、mardi 等，以及 matin、après-midi 等词前。

Nous avons deux heures de cours d'anglais le jeudi.（我们每周四有两节英语课。）
Que faites-vous le week-end ?（您周末都做些什么？）

⑦ 表示分配。

Trente francs le kilo.（三十法郎一公斤。）
Vous serez payé à l'heure.（您的劳动报酬以小时计算。）

C. 不定冠词

① 不定冠词一般用在不确指的或初次提到的名词前。

C'est un ouvrier. Il travaille dans une usine.（这是一名工人。他在一家工厂工作。）
J'ai des frères et sœurs.（我有兄弟姐妹。）
Des personnes demandent à vous voir.（有人要见您。）

② 不定冠词表示总体概念中的一个部分，具有概括性、普遍性意义，它后面的名词可作为某一种类的代表。

Le travail est un trésor.（劳动是一种财富。）
Le tigre est un animal féroce.（老虎是一种凶猛的动物。）

③ 不定冠词用在感叹句中，这时，不定冠词所限定的名词表示该名词的性质达到了最高级的程度。

Il a une peur !（他害怕极了！）
Cet artiste a un talent !（这位艺术家很有才华！）

④ 一些表示自然现象的名词，如果这个名词后有品质形容词修饰，这个名词前要用不定冠词。

Il fait un vent très fort.（刮大风。）
Il est arrivé par un temps splendide.（他是在一个晴朗的日子到达的。）

2.2.7 副代词（le pronom adverbial « en »）

笼统地说，副代词 en 通常用来代替 de ＋名词（主要用来指物），副代词 y 通常用来

代替 à+名词（主要用来指物），一般放在有关动词的前面。针对两个副代词 y 和 en，可以简单记为：y 和介词 à 密切相关，en 和介词 de 密切相关。

① 代替不定冠词或部分冠词+名词（作直接宾语）。

Il a des amis français, et j'en ai aussi. (en ＝ des amis français)

Il y a de la bière , vous en voulez? (en ＝ de la bière)

② 代替否定句中的介词 de + 名词（作直接宾语）。

Elle a des questions, mais je n'en ai pas. (en ＝ de + questions)

Le lait est bon, mais l'enfant n'en veut pas. (en ＝ de + lait)

③ 代替数词+名词（作直接宾语）（保留数词，代替名词）。

Combien avez –vous de dictionnaires?

—j'en ai un . (en ＝ dictionnaire)

④ 代替 de 引导的数量副词补语（保留数量副词，代替名词）。

Y a-t-il beaucoup de touristes à Paris?

—Oui, il y en a beaucoup. (en ＝ de touristes)

⑤ 代替介词 de 引导的间接宾语，指物（介词 à 引导的间接宾语＝y）。

Le film est très intéressant, je vais en parler au dîner .（en ＝ de ce film）

parler de qqch ＝ to talk about sth

⑥ 代替介词 de 引导的形容词补语，指物（介词 à 引导的形容词补语＝y）。

Le directeur est content de votre travail?

—Oui, il en est très content. (en ＝ de mon travail)

⑦ 代替 de 引导的地点状语（除介词 de 以外的介词引导的地点状语＝y）。

Vous venez de Paris?（venir de quelque part ＝ to come from）

—Oui, j'en viens.

—Non, je n'en viens pas. (en ＝ de Paris)

2.2.8 命令式（L'impératif）

A. 命令式构成

① 直陈式现在时去掉主语就构成命令式。如下表。

动词不定式	直陈式肯定形式	命令式肯定形式	直陈式否定形式	命令式否定形式
faire	vous faites	Faites!	vous ne faites pas	Ne faites pas !
partir	nous partons	Partons!	nous ne partons pas	Ne partons pas!
parler	tu parles	Parle!	tu ne parles pas	Ne parle pas !

② 第一组规则变位动词(包括 aller)的第二人称单数(tu)的变位要去掉词末 s。如下表。

动词不定式	直陈式肯定形式	命令式肯定形式	直陈式否定形式	命令式否定形式
parler	tu parles	Parle !	tu ne parles pas	Ne parle pas !
aller	tu vas	Va !	tu ne vas pas	Ne vas pas !

B. 命令式用法

① 命令式第二人称单数 (tu)、复数 (vous) 相当于英语的祈使语气。

Regardez bien! = *Look carefully!*

Ne mange pas trop de chocolat ! = *Don't eat too much chocolate!*

② 命令式第一人称复数相当于英语的 let's 结构。

Allons au restaurant! = Allons-y ! (Allez-y ! Vas-y!) = *Let's go!*

Ne prenons pas le petit avion ! = *Don't take the small airplane!*

注意：

① 命令式的人称只有三种：tu、nous、vous。对其他人称无法直接命令，只能间接命令（虚拟式）。

② 在肯定命令式中, 前置的代词要后置；在否定命令式中依旧前置。

Tu me regardes. → Me regardes. → Me regarde. → Regarde-moi!

Tu ne me regardes pas. → Ne me regardes pas! → Ne me regarde pas!

命令式动词后紧接副代词 y，为了方便发音，要把去掉的词末 s 再重新加上，如 Vas-y! Restes-y! Penses-y!

2.2.9 及物动词和不及物动词 (les verbes transitifs et intransitifs)

法语动词从变位上可分为第一组规则变位、第二组规则变位和不规则变位动词；从用法上可分成系动词和行为动词；从句型上可分为及物和不及物动词，其中及物动词又分为直接及物和间接及物动词。如下表。

动词：系动词(le copule)＋行为动词（verbe d'action）		
行为动词		
及物动词（verbe transitif）		不及物动词（verbe intransitif）
直接及物 direct	间接及物 indirect	无宾语
直接宾语 COD	间接宾语 COI	
动词与宾语之间无介词连接：及物动词无须介词引导出宾语	动词与宾语之间需要介词 à 或 de 连接：间接及物动词需要借助介词 à 或 de 引出宾语	有些动词既可作不及物动词，也可作及物动词

续表

Il parle français. Je parle chinois. Pensez qu'elle n'a que dix ans. Pascal sort un livre de son sac. Elle chante l'hymne national.	Elle parle de son projet. Le professeur parle aux élèves. Je pense à toi ! Pensez à fermer les fenêtres en partant.	Il parle ! Il parle beaucoup ! Je pense ! Je pense en français. Nous sortons ce soir. Que fait-il ? Il chante.
Luc donne une lettre à Catherine. Je vous propose cet appartement.		Nous allons à la piscine. Les enfants pleurent. Ils sont partis à sept heures.
有些直接及物动词可以同时有直接宾语和间接宾语，后者通常由介词à引导		

2.2.10 补语（les compléments）

补语 (les compléments)：补充说明句中某一成分的意义			
de		à	
名词补语	La porte de la salle	名词补语	la machine à laver
形容词补语	content de son travail	形容词补语	facile/difficile à faire
副词补语	beaucoup de voitures	副词补语	conformément à la loi

2.2.11 最近过去时（le passé immédiat）

意义：表示不久前刚刚发生的动作；相当于英语的 have just done。

构成：venir（直陈式现在时）＋de＋动词不定式（原形）。venir 变形如下表。

venir			
je	viens	nous	venons
tu	viens	vous	venez
il	vient	ils	viennent
elle	vient	elles	viennent

例子：La secrétaire vient de taper le courrier.

2.2.12 直接宾语人称代词 (les pronoms personnels compléments d'objet direct)

顾名思义，是代替直接宾语的代词，但不仅仅代替人称。第三人称单、复数代词还可以代物，第一、二人称单复数代词只能代人。代替后要将代词前置到相关动词前，即法语著名的宾语前置现象。直接宾语人称代词如下表。

直接宾语人称代词									
人称	代词	省音	人/物	英照	人称	代词	省音	人/物	英照
第一人称单数	me	m'	代人	me	第一人称复数	nous	nous	代人	us
第二人称单数	te	t'	代人	you	第二人称复数	vous	vous	代人	you
第三人称单数（阳）	le	l'	代人或物	him / it	第三人称复数（阳）	les	les	代人或物	them
第三人称单数（阴）	la	l'	代人或物	her / it	第三人称复数（阴）	les	les	代人或物	them

Attention, l'agent de police vous regarde. = *The police agent is looking at you.*
Ce texte, je ne le comprends pas très bien. = *This text, I can't understand it very well.*

在肯定命令式中，直接宾语人称代词不前置，还原成置于动词之后，用连字符连接。并且，me 改成 moi，te 改成 toi。如：
Tu regardes moi. → Tu me regardes. → Me regarde. → Regarde-moi.
Tu regardes toi. → Tu te regardes. → Te regarde. → Regarde-toi même.

2.2.13 无人称动词 (les verbes impersonnels)

以中性代词 il 为主语（无人称主语），仅用于第三人称单数的动词，称为无人称动词。这里的 il 不表示任何意义，只起到一个象征性的作用。纯粹的无人称动词 pleuvoir、neiger 等，只能和无人称主语 il 搭配使用，构成无人称表达法。相当于英语中指自然现象的 it 结构。

Il pleut. = *It is raining.*
Il neige. = *It is snowing.*

个别人称动词也可用于无人称短语。

faire → il fait = *it's*
Il fait froid. = *It's cold.*
Il fait du soleil. = *It's sunny.*

Il fait beau. = *It's fine.*

être → il est = *it's*

Il est huit heures moins dix. = *It's ten to nine.*

Il n'est pas facile de parler français. = *It's not easy to speak French.*

avoir → il y a = *there is, there are*

Il y a des gens dans la rue. = *There are some people in the street.*

Il y a beaucoup de visiteurs dans la salle. = *There are many visitors in the salle.*

a. 表示天气情况。

① 表示 il pleut(下雨)、il neige(下雪)、il gèle(结冰)等。

② Il fait ＋形容词或名词。

Il fait beau, froid, bon, doux, chaud, etc.

Il fait un temps splendide, il fait un froid de canard, etc.

Il fait 15°C. (= la temperature est de 15°C)

b. 表示时间：Il est ＋时间词语。

① 指出某一时刻。

Il est midi, minuit, tôt, tard, etc.

Il est 7 heures. Lève-toi!

② 指出某一应办之事。

Il est temps de partir pour l'aéroport.

Il est l'heure de coucher les enfants.

c. 表示有：Il y a ＋名词或代词。

① 指出一个人或事物存在。

Ecoute! Il y a quelqu'un à la porte. Va ouvrir!

Il y a vraiment beaucoup de monde à la plage.

Il y a du soleil aujourd'hui.

Tu as l'air triste. Qu'est-ce qu'il y a?

② 指出时间或距离。

J'ai rencontré Léa il y a cinq ans au cours d'un voyage en Thailande.

Il y a 20 km entre Paris et Versailles.

d. 表示必须、应该、需要：Il faut ＋不定式或名词。

Il faut un permis de conduire pour conduire une voiture.

Il faudra venir demain à 18 heures.

e. Il est ＋形容词：Il est ＋形容词＋ de ＋不定式 (de faire qch)。

Il est difficile de vivre avec lui.

Il est possible de travailler dans ces conditions.

Il est impossible de terminer ce travail avant le dîner.

Il est nécessaire de lire le journal tous les jours..

f. 后随"实质主语"的动词。

"实质主语"是放在动词后的名词。无人称结构不重视主语，而强调动词。

Il reste quelques places dans le train de 14 heures. (= quelques places restent...)

Il me manque 5 euros pour acheter ce livre. (= 5 euros me manquent...)

Il suffit de quelques minutes pour faire cuire ce plat surgelé. (= quelques minutes suffisent...)

g. 表示有关于、关系到、涉及、问题在于、重要的是：Il s'agit de。

① 指出问题、主题：Il s'agit de +名词 (= il est question de / il est sujet de)

Dans *L'Étranger* de Camus, il s'agit d'un homme qui se sent étranger à lui-même et au monde. (= le sujet du livre est un homme qui...)

加缪的《异乡人》讲述了一个感到与自己和世界疏离的人。

② 表示责任、劝告：Il s'agit de +不定式 (= il faut)。

Après tant de discussions, il s'agit de prendre enfin une décision.

经过这么多的讨论，现在是做出决定的时候了。

h. 被动式或代词式动词：这个用法在行政用语和报业用语中常见。

Il est rappelé qu'il est interdit de fumer. (= on rappelle qu'on interdit de fumer)

请注意，禁止吸烟。

Il se passe des événements importants. (= des événements importants se passent)

重要事件正在发生。

2.2.14 间接宾语人称代词（les pronoms personnels compléments d'objet indirect）

(les pronoms personnels compléments d'objet indirect)

顾名思义，是代替间接宾语的代词，一般只代替人，不代物。一般代替由介词 à 引导的间接宾语（介词 de 引导的间接宾语有其他方法）。代替之后依然要放在相关动词前，注意省音。间接宾语人称代词如下表。

间接宾语人称代词									
人称	代词	省音	人/物	英照	人称	代词	省音	人/物	英照
第一人称单数	me	m'	代人	*me*	第一人称复数	nous	nous	代人	*us*
第二人称单数	te	t'	代人	*you*	第二人称复数	vous	vous	代人	*you*
第三人称单数（阳）	lui	lui	代人或物	*him / it*	第三人称复数（阳）	leur	leur	代人或物	*them*
第三人称单数（阴）	lui	lui	代人或物	*her / it*	第三人称复数（阴）	leur	leur	代人或物	*them*

Mon amie m'écrit quelquefois. = *My friend writes to me sometimes.*
Je vais lui dire tout ça. = *I will tell him all.*
Ne leur dites pas cette nouvelle. = *Don't tell them this news.*

在肯定命令式中，间接宾语人称代词也不前置，还原成置于动词之后，用连字符连接。并且，me 改成 moi, te 改成 toi。如：

Vous donnez votre manteau à moi.
↓
Donnez votre manteau à moi.
↓
Donnez-moi votre manteau. （✗ Me donnez votre manteau. ✗）

2.2.15 代词式动词（les verbes pronominaux）

代词式动词顾名思义就是含有代词的动词。代词的原型是 se，称作自反代词，要根据人称变化。如下表。

自反代词									
人称	代词	省音	人/物	英照	人称	代词	省音	人/物	英照
je	me	m'	代人	*me*	nous	nous	nous	代人	*us*
tu	te	t'	代人	*you*	vous	vous	vous	代人	*you*
il	se	s'	代人/物	*him / it*	ils	se	s'	代人/物	*them*
elle	se	s'	代人/物	*her / it*	elles	se	s'	代人/物	*them*

如代词式动词 se lever，意为起床、起身、站起。其变位如下表。

代词式动词 se lever					
肯定式变位					
主语人称	自反代词	动词	主语人称	自反代词	动词
je	me	lève	nous	nous	levons
tu	te	lèves	vous	vous	levez
il	se	lève	ils	se	lèvent
elle	se	lève	elles	se	lèvent
否定式变位									
主语人称	否定词	自反代词	动词	否定词	主语人称	否定词	自反代词	动词	否定词
je	ne	me	lève	pas	nous	ne	nous	levons	pas
tu	ne	te	lèves	pas	vous	ne	vous	levez	pas
il	ne	se	lève	pas	ils	ne	se	lèvent	pas
elle	ne	se	lève	pas	elles	ne	se	lèvent	pas

自反代词很多情况下相当于直接宾语或间接宾语前置（置于动词前），如上例 se lever。不加自反代词的普通动词 lever 意为举起、抬起、提起。其变位如下表。

主语	谓语动词	宾语（重读人称代词）		代词式动词表达法
je	lève	moi (même)	→	Je me lève.
tu	lèves	toi (même)	→	Tu te lèves.
il / elle	lève	lui / elle (même)	→	Il/Elle se lève.
nous	levons	nous (même)	→	Nous nous levons.
vous	levez	vous (même)	→	Vous vous levez.
ils / elles	lèvent	eux / elles (même)	→	Ils / Elles se levent.

从上表可以看出，除第三人称外，其他的自反代词跟宾语人称代词完全相同。如下表。

主语	直宾人称代词	间宾人称代词	主语	直宾人称代词	间宾人称代词
je	me	me	nous	nous	nous
tu	te	te	vous	vous	vous
il	le	lui	ils	les	leur
elle	la	lui	elles	les	leur

为什么第三人称的宾语代词跟自反代词不同呢？原因是第三人称的宾语代词中，直接宾语和间接宾语并不相同，而其他人称是完全一致的，所以在自反代词的演变中，第一、二人称的自反代词直接沿用了宾语人称代词的形式，而第三人称则用了另外的形式，这个形式跟自反代词的原型一样，即 se。也可以理解成，因为第三人称的直接和间接宾语人称代词形式不同，则用了自反代词的原型代替。

在例子 Je me lève 中，自反代词 me 是直接宾语。从句型不难看出，Je lève moi 谓语动词和宾语之间没有介词连接，则该宾语是直接宾语，那么用自反代词代替后仍为直接宾语性质。有没有表示间接宾语的自反代词呢？当然有。通过还原句型就可以看出。

如：Il se demande pourquoi Sophie ne vient pas.

↓

Il demande à lui-même pourquoi Sophie ne vient pas. = *He asks himself why Sophie doesn't come.*

从还原的句型不难看出，动词和宾语之间有介词连接，属于间接宾语，所以用代词式动词表达时，自反代词表示间接宾语。

另外，自反代词之所以称之为自反，顾名思义就是表示自己反射到自己身上，也就是动作的施动者和受动者都是主语本身。如起床这个动作，就是自己让自己起来，不是被人把你拉起来，所以是自反意义；照镜子这个动作也是同理，自己看自己；自省、自问这个行为也是同理，自己问自己、自己反省自己等。所以代词式动词很多时候都表示自反意义，但也有表示其他意义的代词式动词,如相互意义、绝对意义、被动意义等。其中,表示自反和相互意义的代词式动词,需要搞清楚自反代词是表示直接宾语还是间接宾语。表示绝对和被动意义的代词式动词,其自反代词基本不存在语法含义,只是代词式动词的一个固有成分,不能舍弃或分离。代词式动词表示的意义如下表。

代词式动词的意义			
自反	相互	绝对	被动
主语的施动者和受动者都是主语本身: ①动作的对象反及主语本身 ②动词可以是直接或间接及物动词 ③相当于英语反身代词oneself	动词的动作作用于主语之间: ①主语肯定是复数 ②动词可以是直接或间接及物动词 ③相当于英语相互代词each other 或one another	动词不能单独使用,只能与自反代词连用作代词式动词: 若失去自反代词,则不能当动词使用,或是意思发生很大变化	相当于被动态: ①动词是直接及物动词 ②主语是指物的名词 ③相当于法语和英语的被动态表达
自反代词相当于宾语前置		自反代词只是固有成分	
直接宾语 / 间接宾语		无语法作用	
同一个代词式动词可以用于几种意义的表达			

- 自反意义

Elle se regarde souvent dans le miroir. = *She often looks at herself in the mirror.*

   ↓

se 表直宾意义 (se regarder)

Il se demande pourquoi Sophie ne vient pas. = *He asks himself why Sophie doesn't come.*

  ↓

se 表间宾意义 (se demander)

- 相互意义

Les deux jumeaux se regardent quand ils s'habillent. = *The twins look at each other when they dress.*

 ↓   ↓

se 表直宾意义 se 表直宾意义 (s'habiller)

Nous nous écrivons souvent. = *We often write to each other.*

  ↓

se 表间宾意义 (s'écrire)

- 绝对意义

Comment ! Vous vous moquez de moi ! = *What ! You are laughing at me!*

  ↓

se 无意义 (se moquer)

Je me souviens de toi. = *I remember you.*

 ↓

se 无意义（se souvenir）

● 被动意义

Le fromage se mange avec du pain. = *Cheese is eaten with bread.* = Le fromage est mangé avec du pain.
↓
se 表被动意义（se manger）

Les journaux se vendent partout. = *Newspapers are sold everywhere.* = Les journaux sont vendus partout.
↓
se 表被动意义（se vendre）

2.2.16 过去分词（le participe passé）

同英语过去分词一样，与助动词一起构成各种复合时态。过去分词根据三组变位动词的不同，具有一定变化规律，构成如下：

① 第一组规则变位动词 -er：将词尾 er 变为 é，如 parler → parlé。
② 第二组规则变位动词 -ir：将词尾 ir 变为 i，如 finir → fini。
③ 第三组不规则变位动词（不同词尾结尾）：过去分词一般变为四种词尾，即 -i、-u、-s、-t，如 sortir → sorti；répondre → répondu；mettre → mis；dire →dit。

具体变位如下表。

普通动词		备注		过去分词	例
第一组规则变位动词	-er	所有以-er结尾的动词，包括不规则动词aller	→	-é	parler → parlé aimer → aimé aller → allé
第二组规则变位动词	-ir	所有第二组规则变位动词都依照此规律，但有一些以-ir结尾的并不是第二组，却是第三组不规则变位动词，须注意区分	→	-i	finir → fini choisir → choisi grandir → grandi
第三组不规则变位动词	-ir	以-ir结尾的动词不全是第二组，有一部分属于第三组，但有一些ir结尾的第三组动词的过去分词会巧合性地也变成-i结尾，这并不能代表全部	→	-i	sortir → sorti partir → parti 但 ouvrir → ouvert venir → venu
	-ir	-ir结尾的第三组动词里面，有一部分是以-oir结尾的，这种词尾动词的过去分词基本都变-u结尾			voir → vu devoir → dû pouvoir → pu vouloir → voulu
	-re	第三组不规则变位动词里面以re结尾的很多，基本上是dre、tre、ire 等		-u	répondre → répondu
	-re			-s（-is）	mettre → mis
	-re			-t	dire →dit
	……			……	……

常用第三组不规则动词的过去分词形式（以结尾字母举例）
Participes passés irréguliers

Verbes	Participe passé	Désinence
avoir être	eu été	
attendre entendre répondre boire connaître devoir vouloir pouvoir falloir lire recevoir savoir tenir venir devenir voir pleuvoir paraître croire	attendu entendu répondu bu connu dû voulu pu fallu lu reçu su tenu venu devenu vu plu paru cru	u
sentir accueillir sortir partir rire	senti accueilli sorti parti ri	i
mettre prendre apprendre comprendre	mis pris appris compris	s（is）
dire écrire faire ouvrir conduire	dit écrit fait ouvert conduit	t

（按首字母顺序排列）

动词不定式	过去分词	动词不定式	过去分词
aller	allé	mettre	mis
apprendre	appris	partir	parti
attendre	attendu	pouvoir	pu

续表

动词不定式	过去分词	动词不定式	过去分词
avoir	eu	pleuvoir	plu
boire	bu	prendre	pris
croire	cru	recevoir	reçu
connaître	connu	savoir	su
courir	couru	sortir	sorti
comprendre	compris	suivre	suivi
devoir	dû	venir	venu
dire	dit	voir	vu
écrire	écrit	vouloir	voulu
être	été	vivre	vécu
faire	fait	tenir	tenu
falloir	fallu	naître	né
lire	lu	mourir	mort

2.2.17 复合过去时（le passé composé）

复合过去时之所以叫复合，是因为它是一个复合时态。所谓复合时态，就是需要助动词来帮助完成的（助动词＋过去分词）。复合时态又分成纯粹复合时态和半复合时态。纯粹复合时态的助动词只能是 avoir / être，其他助动词只能构成半复合时态。所有的纯粹复合时态的性、数配合均一致。

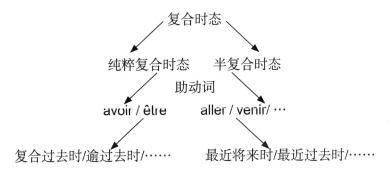

复合时态的构成：助动词 avoir/être 的不同变位＋动词的过去分词（有性、数配合）。

复合过去时的构成：助动词 avoir/être 的直陈式现在时变位＋动词的过去分词（有性、数配合）。

avoir/être 的直陈式现在时变位

中文	不定式	Je	Tu	Il/ Elle	Nous	Vous	Ils / Elles	过去分词	英语
有	avoir	ai [e]	as	a	avons	avez	ont	eu [y]	*have*
是	être	suis	es	est	sommes	êtes	sont	été	*be*

复合过去时的用法：复合过去时表示与现在有联系的、已经发生并完成的过去的动作，时间可确定也可不确定，相当于英语的现在完成时或一般过去时。汉语中一般用"已经、曾经、过、了、还没有……"等词来表示。

所有的及物动词及大部分不及物动词在构成复合时态时，均以 avoir 作助动词。其复合过去时变位如下表（以动词 parler 为例）。

肯定式	否定式	疑问式
J'ai parlé	Je n'ai pas parlé	ai-je parlé?
Tu as parlé	Tu n'as pas parlé	as-tu parlé?
Il a parlé	Il n'a pas parlé	a-t-il parlé?
Elle a parlé	Elle n'a pas parlé	a-t-elle parlé?
Nous avons parlé	Nous n'avons pas parlé	avons-nous parlé?
Vous avez parlé	Vous n'avez pas parlé	avez-vous parlé?
Ils ont parlé	Ils n'ont pas parlé	ont-ils parlé?
Elles ont parlé	Elles n'ont pas parlé	ont-elles parlé?

如： J'ai vu un bon film hier.
昨天我看了一部很棒的电影。
As-tu parlé à Jacques?
你跟雅克谈过吗？
Il a déjà fini son travail.
他已经干完了他的工作。
Je n'ai pas encore déjeuné.
我还没有吃午饭。

注意：
① bien、beaucoup、déjà 等副词，一般放在助动词和过去分词之间。
② 直接宾语在动词前时，过去分词的性、数要与直接宾语的性、数一致。
Sophie? Je l'ai vue hier.
你问索菲吗？我昨天见到了她。
Combien de romans avez-vous lus?
您读过几本法国小说？
Quelle leçon avez-vous apprise?

您学完那篇课文了？

在法语动词中有一些表示位置移动和状态改变的不及物动词，以及所有的代词式动词均以 être 作助动词，构成复合过去时。这些动词的复合过去时构成是：être 直陈式现在时＋动词的过去分词。其复合过去时变位如下表（以动词 aller 为例）。

肯定式	Je suis allé(e) Tu es allé(e) Il est allé Elle est allée	Nous sommes allés(es) Vous êtes allé(e) (s) (es) Ils sont allés Elles sont allées
否定式	Je ne suis pas allé(e) Tu n'es pas allé(e) Il n'est pas allé Elle n'est pas allée	Nous ne sommes pas allés(es) Vous n'êtes pas allé(e)(s)(es) Ils ne sont pas allés Elles ne sont pas allées
疑问式	Suis-je allé(e)? Es-tu allé(e)? Est-il allé? Est-elle allée?	Sommes-nous allés (es) ? Etes-vous allé(e) (s)(es) ? Sont-ils allés ? Sont-elles allées ?

代词式动词的复合过去时都用 être 作助动词。其复合过去时变位如下表（以 se lever 为例）。

肯定式	Je me suis levé(e) Tu t'es levé(e) Il s'est levé Elle s'est levée	Nous nous sommes levés (es) Vous vous êtes levé(e)(s)(es) Ils se sont levés Elles se sont levées
否定式	Je ne me suis pas levé(e) Tu ne t'es pas levé(e) Il ne s'est pas levé Elle ne s'est pas levée	Nous ne nous sommes pas levés(es) Vous ne vous êtes pas levé(e)(s)(es) Ils ne se sont pas levés Elles ne se sont pas levées
疑问式	Me suis-je levé(e)? T'es-tu levé(e)? S'est-il levé? S'est-elle levée?	Nous sommes-nous levés (es)? Vous êtes-vous levé(e)(s)(es)? Se sont-ils levés? Se sont-elles levées?
否定疑问式	Ne me suis-je pas levé(e)?	

用 être 作助动词的不及物动词主要有：

aller — allé	venir — venu	
arriver — arrivé	partir — parti	
entrer — entré	sortir — sorti	
rentrer — rentré	retourner — retourné	revenir — revenu
monter — monté	descendre — descendu	tomber — tombé
rester — resté	devenir — devenu	passer — passé
naître — né	mourir — mort	

注意：

① 在以 être 作助动词的复合时态中，过去分词有性、数变化，其性、数要和主语的性、数一致。过去分词变成阴性时一般在词末加 e，变成复数时在词末加 s，而阴性复数则加 es。

Nous sommes rentrés à la maison très tard.

我们很晚才回到家。

Elle est partie pour la France hier.

她昨天已动身去法国。

Elles sont venues en Chine le mois dernier.

她们上个月到中国。

有些动词既作不及物动词使用，又可以作及物动词使用，作不及物动词使用时用 être 作助动词，作及物动词使用时要用 avoir 作助动词。

Il est sorti sous la pluie.

他冒雨出门了。（不及物动词）

Il a sorti une lettre de sa poche.

他从口袋里掏出了一封信。（及物动词）

Nous sommes montés en avion à 13 heures.

我们于 13 点登上飞机。（不及物动词）

Nous avons monté nos valises au 3ème étage.

我们把箱子搬上四楼。（及物动词）

② 在代词式动词复合过去时中，过去分词的性、数配合有以下三种不同情况。

● 如果自反代词是直接宾语性质，过去分词的性、数要与自反代词（直接宾语）的性、数一致。

Nous nous sommes rencontrés dans la rue hier.

我们昨天在街上相遇。（自反代词 nous 是直接宾语，表示相互的意义）

Elle s'est lavée à l'eau chaude.

她用热水洗了澡。（自反代词 se 是直接宾语，表示自反的意义）

● 如果自反代词是间接宾语，过去分词无性、数变化。

Elle s'est lavé les mains.

她洗了手。（自反代词 se 是间接宾语，les mains 是直接宾语）

Nous nous sommes téléphoné quelques fois.

我们互相打过几次电话。（自反代词 nous 是间接宾语，téléphoner à qqn.）

● 表示绝对意义的代词式动词（纯粹代动词），以及表示被动意义的代动词的复合时态，其过去分词必须与自反代词的性、数一致。

Ils se sont souvenus de leur vie dans l'armée.

他们回忆了在部队时的生活。（se souvenir 是表示绝对意义的代动词）

Les revues se sont bien vendues.

杂志卖得很好。(se vendre 是表示被动意义的代动词)

无论 avoir 或 être 作助动词，只要是直接宾语位于助动词前（包括名词的直接宾语、代词的直接宾语、自反代词为直宾意义等），过去分词都要与直接宾语保持性、数一致。

2.2.18 名词阴、阳性的识别（l'identification du nom féminin et masculin）

a. 以下系列表物名词通常为阳性。

① 树木名：le chêne 橡树，le tilleul 椴树，等。（例外：une yeuse 冬青槲）

② 金属或化学元素名：le fer 铁，le cuivre 铜，l'or 金，l'argent 银，等。

（例外：la fonte 铅，l'alumine 氧化铝，及大多数以 -ite 结尾的名词）

③ 表日子、月份、季节及方位的名词：le lundi 周一，un avril pluvieux 下雨的四月，un été chaud 炎热的夏季，le nord 北，le sud-ouest 西南，l'est 东，等。（至于秋季，尽管也可以说 une automne，但最好还是用 un automne）

④ 风：le zéphyr 微风，le noroît 西北风，le mistral 西北风，等。（例外：la bise 北风，la brise 凉爽的微风，la tramontane 地中海沿岸的西北风）

⑤ 数字、字母及音符：le huit a gagné 八号赢了，écrivez un B 写一个 B，un do 哆，un mi bémol 降 E。

⑥ 形容词用作名词：le bleu 蓝色，le rouge 红色，le vrai 真相，le beau 美丽，le francais 法语，l'anglais 英语，等。（例外：une Polonaise 波兰人，une Allemande 德国人；或在以下用法中：à la francaise，法国式的，按照法国的方法；à la chinoise，中国式的，按照中国的方法，有中国特色的）

⑦ 动词不定式用作名词：le dîner 晚餐，le souvenir 记忆，等。

⑧ 形式不变词类（包括副词、介词、连词、叹词）用作名词或一些固定用法：le bien 好，le mal 坏，le devant de l'armoire 壁橱前面，le « mais » que vous objectez, le « aïe » que j'ai entendu，Je me moque du qu'en-dira-t-on，等。

b. 以下各系列中的名词通常为阴性。

① 表疾病的名词：la grippe 流感，la typhoïde 伤寒，la bronchite 支气管炎，等。（例外：le choléra 霍乱，le croup 哮吼，le diabète 糖尿病，l'emphysème 气肿，le rhume 感冒，以及以 -isme 结尾的词如 l'arthritisme aigu 急性关节炎）

② 表学科的名词：la médecine 医学，la politique 政治，les mathématiques 数学，等。（例外：le calcul 算术）

③ 表节日的名词：la Toussaint 万圣节，la Saint-André 圣安德烈日，等。（例外：Noël 圣诞节，Pâques 复活节）

④ 以 -eur 结尾的抽象名词：la candeur 天真，la valeur 价值，等。（例外：le bonheur 幸运，le malheur 厄运，l'honneur 荣誉，le labeur 苦力）

c. 复合名词的性的区分。

① 两个并列名词构成的复合名词，一般依第一个名词的性。

un chou-fleur 花椰菜，une pêche abricot 杏子桃

② 由一个名词和一个形容词构成的复合名词，根据名词的性判断。

la chauve-souris 蝙蝠，le jeune homme 年轻男人，la jeune fille 那位年轻女孩（例外：le rouge-gorge 画眉鸟）

③ 由一个动词和一个名词构成的复合名词，表人的，依人的自然性别：le garde-barrière, la garde-barrière 守门人；其他一般视作阳性：le hoche-queue，le perce-oreille 蠼螋，le presse-purée，le porte-cigarettes 香烟盒，le garde-boue 挡泥板。（例外：la garde-robe 衣柜，la perce-neige 雪花莲）

④ 由两个动词构成的复合名词，一般视作阳性。

le savoir-faire 才干，un ouï-dire 传闻

⑤ 由介词或副词和一个名词构成的复合名词，表人的，依人的自然性别：un sans-soin, une sans-soin（马大哈），un sans-culotte（无套裤汉），un sans-coeur, une sans-coeur（没良心的），un hors-la-loi, une hors-la-loi（不法之徒）。表物的分为两种情况。

其一，副词性介词加名词构成，依名词的性而定。

avant(= en avant): un avant-poste, une avant-garde, une avant-cour

contre(= en opposition): une contreordre, une contre-proposition

sous(= au-dessous): un sous-produit, la sous-production

其二，介词加名词构成，一般视作阳性。

à: un à-propos, un à-côté

après: l'immédiat après-guerre

en: un en-cas, un en-tête（例外：une encaisse）

hors, hors de: un hors-bord, un hors-d'œuvre

sans: le sans-façon, le sans-gêne

注意：

après-midi 一词最好用作阳性，但阴性亦无错；而 avant-scène 一词为阴性：une avant-scène。

⑥ 固定表达方式作名词用，一般视作阳性。

un on-dit, le qu'en-dira-t-on, le sauve-qui-peut, un tête-à-tête, un pied-à-terre, le va-et-vient

但表示人的固定表达方式则依人的性别而定。

un couche-tard, une couche-tard; un lève-tôt, une lève-tôt; un rien-du-tout, une rien-du-tout; un ci-devant, une ci-devant

注意：

un vaurien, une vaurienne

d. 由后缀来区分名词的性。

● 阴性后缀

-ade: la bousculade, la colonnade

-aie: la chênaie

-aille: la ferraille, la fiancailles, l'épousaille, la retrouvaille

-aison (-oison, -ison, -sion, -ation, -ition, -otion, -ution)：la pendaison, la pâmoison, la guérison, la confusion, la passion, la fondation, la finition, une émotion, la parution

-ance: la brillance, la vaillance

-asse: la paillasse

-ée (-etée): la potée, la pelletée

-elle (erelle): la poutrelle（例外：le libelle）

-esse: la poétesse, l'ânesse, la finesse

-ette: la starlette, la fillette

-ie (-rie): la leucémie, la causerie

-ière: une lavandière, une soupière

-ine: la bécassine, la tartine

-ise: la maîtrise, la prêtrise, la hantise

-itude: l'exactitude

-ose: la tuberculose

-otte: la menotte

-té: la saleté, l'émotivité

-ure: la brûlure

● 阳性后缀

-age: un assemblage

-ail: un épouvantail, le vitrail

-ard: le brassard, le poignard

-as: le plâtras, le coutelas

-at: le patronat, le salariat

-eau: le moineau

-er (-ier): un oranger, le pompier

-et: le coffret, le garconnet

-is: le cliquetis, le fouillis

-isme: le socialisme, l'arthritisme

-ment: un écrasement, un bâtiment

-oir: le semoir

-ot: un angelot

-ron: le moucheron

e. 专有名词的性的区分。

① 人名性别区分。

Jean est grand, Jeanne est grande

② 国名、地名。

● 以 e 结尾的国名、地名通常为阴性

la France, la Russie, la Chine（例外：le Caucase du Nord 北高加索，le Cambodge 柬埔寨，le Mozambique 莫桑比克，le Mexique 墨西哥，le Tennessee 田纳西州）

● 其他一般为阳性

l'Angola 安哥拉，le Congo 刚果，le Ghana 加纳，le Nigéria（也可说 la Nigéria）尼日利亚，le Vietnam 越南

● 由一般名词组成的国名、地名，按一般名词的性

la Côte-d'Ivoire（科特迪瓦），la République centre-africaine（中非共和国），la Réunion（留尼汪）

● 城市名通常为阳性

New York est étendu, Marseille est actif

但传统上，罗马（Rome）、雅典（Athènes）、斯巴达（Sparte）、亚历山大（Alexandrie）用作阴性，如 Rome est glorieuse.

③ 飞机名一般为阴性

la Caravelle 卡拉维尔，le Concorde 协和号

如果该飞机名为外语单词或其标志，则一律视作阳性。

un Boeing 一架波音飞机，un DC4 一架 DC4，un Ilyouchine 一架伊留申号

④ 航天器名一般视作阳性。

un Spoutnik 一颗人造卫星，le Surveyor 测量员，le Luna 月神号

⑤ 汽车（轿车）一般为阴性。

une Jaguar 捷豹，une Toyota 丰田，une Citroën 雪铁龙，une Santana 桑塔纳

卡车为阳性。

un Berliet 贝利埃，un Citroën 雪铁龙

2.2.19 间接疑问句（les phrases interrogatives indirectes）

间接疑问句分成两种：一般间接疑问句和特殊间接疑问句。

A.一般间接疑问句

相当于英语的 Yes/No question，无疑问词，表达"是不是、是吗"的意思。在从直接问句变成间接问句的时候，用连词 si 来连接。

Est-ce que leur enfant va mieux maintenant ?
Leur enfant va-t-il mieux maintenant ?

　　　↓

Ils demandent au médecin si leur enfant va mieux maintenant.

注意：

① 用 si 连接后，不可再倒装，si 后要跟陈述句。

② 原来直接问句的问号要根据变化后主句的意思改变。主句若是陈述句就用句号，主句若是疑问句才能用问号。

③ 间接问句的人称要根据主句的意思而做相应变化。

④ 主句和从句的时态也要配合。

B. 特殊间接疑问句

由特殊疑问词如 qui、quand、où、comment、pourquoi 等引导的问句。在从直接问句变成间接问句的时候，用原来的特殊疑问词来连接，相当于英语中由疑问副词引导的宾语从句。

Où est-ce que tu passes tes vacances chaque année ?
Où passes-tu tes vacances chaque année ?

　　　↓

Dis-moi où tu passes tes vacances chaque année.

Je me demande comment il a pu trouver un appartement à son goût.

Savez-vous pourquoi les Roche veulent s'installler en banlieue ?

疑问词 qui 对人提问，疑问词 que 对物提问，表疑问的固定搭配 est-ce que（连词 que 作后面从句的宾语）对宾语提问，表疑问的固定搭配 est-ce qui（连词 qui 作后面从句的主语）对主语提问。如果疑问词和连词相同，可以合并成一个，如 qui est-ce qui = qui，qu'est-ce que = que est-ce que = que。如果疑问词和连词不相同，则不能合并，必须分开，如 qui est-ce que，qu'est-ce qui = que est-ce qui。

注意：

如果直接疑问句的疑问词是 qui，那么无论连词是什么，间接疑问句的连词都用疑问词 qui；如果直接疑问句的疑问词是 que，那么 qu'est-ce que 变为 ce que, qu'est-ce qui 变为 ce qui。

Qu'est-ce que ça veut dire ?

　　　↓

Il ne comprend pas ce que ça veut dire.

Qu'est-ce qui s'est passé dans la rue ?

　　　↓

Je ne sais pas ce qui s'est passé dans la rue.

2.2.20 关系代词（les pronoms relatifs）

法语中常用的关系代词有四个，即 qui、que、où、dont，用法各有不同。

A.关系代词qui

① Qui 在从句中作主语，先行词可以是人也可以是物，相当于英语中的 who、which、that。

Les jeunes gens qui travaillent à l'usine ont acheté d'abord un téléviseur, ensuite une voiture.

在工厂工作的年轻人先买了电视机，然后买了汽车。

② Qui 在从句中与介词一起使用，可作间接宾语或状语，但只能指人，如 à qui、de qui、avec qui 等。相当于英语中的 whom。

Nous connaissons un étudiant étranger avec qui nous parlons souvent en anglais.

我们认识一个外国学生，我们经常和他用英语交谈。

③ 关系从句分限定性和解释性两种，相当于英语中的限定性和非限定性。

Le directeur général, qui a parlé le premier, était assis à côté de moi.

首先发言的总干事就坐在我旁边。

Le livre qui est sur le bureau n'est pas intéressant.

桌子上的书没有什么意思。

B.关系代词que

引导一个限定或解释先行词的关系从句，先行词可以指物，相当于英语的关系代词 whom、which、that。

Voilà les livres que je vais lire pendant mes vacances d'été.

这些是我在暑假期间要读的书。

Mon oncle, que vous connaissez peut-être, est professeur d'université.

我的叔叔，你可能认识他，是一位大学教授。

如果关系从句的动词是以 avoir 为助动词的复合时态，那么过去分词的性、数与先行词的性、数一致。

Veux-tu lire la revue que j'ai achetée hier ?

你想看我昨天买的那本杂志吗？

C.关系代词où

限定或解释先行词的关系从句，代替地点、时间，相当于英语中的 where 和 when。

Le village où je passe mes vacances se trouve au bord de la mer.

我度假的村庄在海边。

En automne, ils vont à la campagne où ils restent quinze jours.

秋天时，他们去乡下呆了十五天。

Le quartier où vous habitez est très calme. (où = le quartier)
你们住的区，很安静。

De 和 où 的结合使用：

J'ai un balcon d'où j'ai une très belle vue. (d'où = de ce balcon)
我有个阳台，从那里望去风景很美。

On va fermer le magasin d'où ils sortent.
他们刚出来的那家店，就要关门了。

D.关系代词dont

代替介词 de 加先行词，笼统地说，可以代替 de 及后面的词或句子。

J'ai acheté un appartement.
我买了一套公寓。

Les pièces de cet appartement sont claires.
这间公寓的房间很明亮。

J'ai acheté un appartement dont les pièces sont claires.(dont = de cet appartement)
我买了栋每间房间都很漂亮的房子。

① 作间接宾语。

L'homme dont je vous ai parlé est un commerçant compétent. = parler de qn = *about whom*
我告诉过你的那个人是一个称职的交易员。

Le cancer est une maladie dont tout le monde a peur. = avoir peur de qch = *of which*
癌症是每个人都害怕的疾病。

② 作名词补语。

Je vous conseille ce livre dont l'auteur a de l'humour. = l'auteur de ce livre = *whose*
我推荐这本书，其作者很有幽默感。

Le chanteur dont j'aime les disques est très connu. = Les disques de ce chanteur = *whose*
我喜欢的那个歌手的唱片非常有名。

③ 作形容词补语。

Le directeur vous donnera un travail dont vous serez satisfait. = vous serez satisfait de ce travail = *with which*
导演会给您一份您满意的工作。

Vous avez fait une promenade dont vous êtes contents, n'est-ce pas ? = vous êtes contents de cette promenade = *with which*
您散步很开心，不是吗?

④ 作数量补语。

Nous avons rencontré dix visiteurs français dont six étudiants. = six de dix visiteurs français sont étudiants = of whom

我们会见了十名法国访客，其中包括六名学生。

J'ai quelques revues dont quatre bien intéressantes. = quatre de ces revues sont bien intéressantes = of which

我有几本杂志，其中四个非常有趣。

2.2.21 直陈式未完成过去时（l'imparfait de l'indicatif）

顾名思义，直陈式是语态，未完成过去时是时态。未完成过去时强调两点：一是过去时，指动作发生在过去；二是未完成，指过去可能没完成，一直延续到现在。

A.构成

将直陈式现在时第一人称复数变位的词尾 -ons 去掉，根据不同的主语分别加上以下词尾：-ais, -ais, -ait, -ions, -iez, -aient。如下表。

parler: nous parlons		faire: nous faisons		finir: nous finissons	
je parlais	nous parlions	je faisais	nous faisions	je finissais	nous finissions
tu parlais	vous parliez	tu faisais	vous faisiez	tu finissais	vous finissiez
il parlait	ils parlaient	il faisait	ils faisaient	il finissait	ils finissaient
elle parlait	elles parlaient	elle faisait	elles faisaient	elle finissait	elles finissaient

注意：

① être 的变位特殊（nous sommes）：j'étais, tu étais, il était, nous étions, vous étiez, ils étaient。

② 以 -ger 和 -cer 结尾的动词，由于发音的原因，变位有小变化，如 je mangeais, je commençais 等。

③ 以 -ier 和 -yer 结尾动词的第一、第二人称复数的变位：nous étudiions, vous étudiiez; nous payions, vous payiez 等。

④ 其他例外：falloir – il fallait; pleuvoir – il pleuvait（无人称动词只有第三人称单数变位）。

B. 用法

a. 表示过去的、处于延续状态的动作，即开始和结束时间都不确定，但持续过一段时间，可能现在已经结束了，也可能还没结束。

Avant, ils habitaient à la campagne.

从前，他们住在乡下。（首先，是过去的动作；其次，居住肯定持续过一段时间；最后，开始、结束时间都不明确，所以用未完成过去时）

如果动作的结束时间有明确的限制，就不能用了。

Avant de venir de Paris, elle a fini ses études.

在从巴黎回来之前，她已经完成了她的学业。（虽然是过去，但是有明确的结束时间，所以不能用未完成过去时）

b. 表示动作发生的同时性，有两种情况。

① 一个动作已经完成了，另一个动作还在持续。

Le professeur est entré dans la classe quand nous parlions.

当我们正在说话的时候，老师进来了。（老师进来，一瞬间就完成；我们正在说话，还在持续）

② 两个或多个动作都在持续。

Quand nous regardions la télévision, il lisait des livres.

当我们在看电视的时候，他正在读书。（两个动作都在持续着）

c. 表示过去习惯、重复性的动作。

Quand j'étais à la campagne, je me promenais tous les matin.

当我在乡下的时候，每天早上都散步。（当我在乡下的时候，是对过去状态的描写，所以用未完成过去时；每天早上散步，是过去习惯性、重复性的动作，所以也用未完成过去时）

d. 用于描述过去的环境、状态、人物、气氛等。

Hier, il pleuvait.

昨天，下着雨。

Hier, il a plu.

昨天，下过雨

e. si +未完成过去时，独立使用（而非用在主从句中），表示委婉的希望、建议、请求。与命令式略像，但口气更客气。

Si je voyais votre photo？

我是否能看下您的照片？

总的来说，复合过去时是点概念，未完成过去时是面概念，但这并不是说，复合过去时只用于一瞬间的动作，而未完成过去时用于一个持续时间较长的动作。其实，区分未完成过去时与复合过去时远非如此简单，对这两种不同过去时态的理解也关系到上下文具体意义的表达。下面通过几个例句，来学习正确把握同一动词在这两个不同过去时态中的具体应用。

Imparfait	Passé composé
用来追述回忆。 Les forêts couvraient l'Europe. 森林覆盖着欧洲。（追述过去的情况）	用来讲述事件。 Les forêts ont couvert l'Europe. 欧洲曾经为森林所覆盖。（单纯表示一个过去的事实）
一个持续的动作，但是动作持续多久并不清楚，而且动作开始和结束的时间也不知道。 Avant je faisais du sport. 以前，我经常锻炼。 Quand j'étais jeune, je faisais du sport. 当我年轻的时候，我经常参加体育运动。 A cette époque-là, je faisais du sport. 当时我正在做运动。	一个在限定的期限内持续的动作，可以知道动作开始和结束的时间。 De 1980 à 1993, j'ai fait du sport. 从1980年到1993年，我一直从事体育工作。 Entre sept et vingt ans, j'ai fait du sport. 在七岁到二十岁之间，我一直在做运动。 Pendant treize ans, j'ai fait du sport. 十三年来，我一直在做运动。
持续的重复性或习惯性的动作。 Autrefois, Paul nageait tous les matins. 保罗以前每天早上都会游泳。 Quand il faisait beau, il sortait dans le parc. 天气好的时候，他就去公园。	重复的动作，但并非习惯性的动作，并且该动作已不再延续。 Cette semaine, Paul a nagé deux fois. 这周保罗游了两次泳。 Il est sorti tous les jours l'été dernier. 去年夏天他每天都在外面。
在叙述过去的事情中，起解释或描述过去事件发生的背景作用。 Le ciel était couvert, il pleuvait par moments，et de temps en temps, on voyait un éclair dans le lointain. 天空阴沉沉的，时而下雨，时而可以看到远处有闪电。	在叙述过去的事情中，着重于叙述过去事件本身。 Le ciel s'est couvert tout à coup, il s'est mis à pleuvoir et l'on a vu un éclair dans le lointain. 突然间，天空变得阴云密布，开始下雨，远处出现了一道闪电。

◆试比较同一组动词在不同语境中的变位

Nous mangions sur la terrasse quand il s'est mis à pleuvoir.

我们在露台上吃饭的时候，开始下雨了。

Nous avons mangé à l'intérieur quand il pleuvait.

下雨的时候，我们在里面吃饭。

2.2.22 简单将来时（le futur simple）

简单将来时是一种简单时态，所谓简单时态指动词自身变化就可以完成，不需要助动词帮助。这种时态用于表达一个肯定或可能发生在将来时间里的动作，一般带有明确的时间状语。动作发生的时间可近可远，但也有不带时间状语的情况。

对于第一组、第二组和部分第三组的动词来说，这些动词的简单将来时是由整个动词不定式加上简单将来时的词尾构成的。简单将来时词尾变化如下表。

Je ……ai	Nous……ons
Tu……as	Vous……ez
Il/elle……a	Ils/elles……ont

规则变化举例：

Chanter .... je chanterai

Finir .... je finirai

Mettre .... je mettrai

Entendre .... j'entendrai

Boire .... je boirai

Écrire .... j'écrirai

以 -oyer,-uyer,-ayer 结尾的动词把 y 变成 i 再加相应词尾。

Essuyer .... j'essuierai

Nettoyer .... je nettoierai

不规则变化举例：

Aller .... j'irai

Avoir .... j'aurai

Savoir .... je saurai

Être .... je serai

Faire .... je ferai

Voir .... je verrai

Envoyer .... j'enverrai

Pouvoir .... je pourrai

Mourir .... je mourrai

Courir .... je courrai

Devoir .... je devrai

Recevoir .... je recevrai

Pleuvoir .... il pleuvra

Venir .... je viendrai

Tenir .... je tiendrai

Vouloir .... je voudrai

Valoir .... je vaudrai

Falloir .... il faudra

简单将来时用法如下。

① 用于表示一定会在未来发生的动作或事物，一般用精确的时间补语来表示未来。

Nous partirons dans une semaine.

我们将在一周后离开。

Dimanche, j'irai à l'église.

星期天我会去教堂。

Quand vous serez grand, vous comprendrez vos parents.

长大后，您会理解您的父母。

Il reviendra dans dix jours.

他会在十天后回来。

Nous serons diplômés en 2015.

我们将于 2015 年毕业。

S'il fait beau demain, nous irons en ville.

如果明天天气好，我们就去城里。

② 用于表示现在或将来可能发生的动作。

Si vous allez voir mon ami, vous serez bien reçu.

如果您去见我的朋友，您会被好好招待的。

Votre ami est absent, il sera malade.

您的朋友缺席了，他可能生病了。

Si tu veux, je viendrai.

如果你愿意，我会来的。

③ 用来代替第二人称的现在祈使语气，表示命令、建议或禁止。

Vous vous coucherez à 9 heures.

你们必须 9 点钟睡觉。

Vous prendrez la deuxième rue à gauche.

您走左边第二条街吧。

Tu ne mentiras plus.

你以后决不准扯谎。

Vous reviendrez demain.

您明天再来吧。

④ 简单将来时的补语：

demain, demain + matin/après-midi/soir; la semaine prochaine/le mois prochain/l'année prochaine/la saison prochaine; dans une minutes/une heure/un mois...

Nous partirons demain/une minute/.

Il rentrera l'année prochaine.

他明年会回来。

⑤ 简单将来时与最近将来时比较。

Future proche	Future simple
复合结构 aller + infinitif Je vais partir.	简单结构 词根+ai /as /a /ons /ez /ont Je partirai.
广泛用于口语，并有取代futur simple 的趋势。因为futur proche 变位简单（只涉及半助动词aller的变化），节奏轻快，更容易上口 Vous allez voir sur l'écran… 您会在屏幕上看到……	主要用于书面语，因为动词变位为简单词形，使句子更简练、优美 Vous verrez dans cette lettre… 您会在这封信中看到……
表示立刻、马上将要发生的动作，强调将来动作发生的临近和紧迫性 Un peu de patience! On va passer à table ! (La table est mise, le rôti est à point.) Tiens, je vais te raconter une histoire marrante! Attention! Tu vas tomber! Qu'est-ce que vous allez faire maintenant?	表示离说话时可能很近或较远的将来发生的动作，经常伴有时间状语加以强调说明 tout à l'heure, demain, plus tard, en octobre prochain, dans un mois/un an, etc. On partira dans dix minutes. (此时可以用最近将来时替代：On va partir dans dix minutes.) Je te racontrai plus tard. 此处的plus tard 可以是3~5分钟之短，也可以长达几个小时。至于时间间隔的长短，完全取决于说话人
即将发生的动作总是与现在有紧密联系，futur proche为"现在"和"将来"搭建了一个平台 Attends-moi, je vais sortir en même temps que toi. Regarde, le ciel est presque noir: il va certainement pleuvoir. Je vais partir, J'ai commencé à faire mes bagages , au moins mentalement ! (J'ai mon billet en poche.)	将来发生的动作和现在没有太大联系 On verra Marie ensemble la prochaine fois. (On ne voit pas Marie.) S'il fait beau dimanche, nous irons faire un pique-nique. Tu sortiras plus tard, pas maintenant! Un jour, j'achèterai une maison ou un appartement . L'année prochaine, nous passerons nos vacances à la montagne.

2.2.23 先将来时（le futur antérieur）

A. 构成

助动词 avoir/être 的简单将来时+过去分词。

【avoir】

j'aurai	nous aurons
tu auras	vous aurez
il aura	ils auront

【être】

je serai	nous serons
tu seras	vous serez
il sera	ils seront

eg. parler/ finir / allé

parler	
j'aurai parlé	nous aurons parlé
tu auras parlé	vous aurez parlé
il aura parlé	ils auront parlé
finir	
j'aurai fini	nous aurons fini
tu auras fini	vous aurez fini
il aura fini	ils auront fini
aller	
je serai allé(e)	nous serons allés(es)
tu seras allé(e)	vous serez allé(e) (s) (es)
il sera allé	ils seront allés

B.用法

表示在另一个将来动作发生之前先完成的动作，通常用于 quand、lorsque、dès que (*as soon as*) 等引导的时间状语从句（主句用简单将来时，主从句比较时间差）。英语中用现在完成时或者一般现在时。

Nous irons au café quand nous aurons fini notre travail. = *We'll go to the café when we have finished our work.* (*We're done with our work.*)

Je vous enverrai un message dès que je serai arrivé à Paris. = *I'll send you a message as soon as I arrive in Paris.* (*I get to Paris.*)

也可用于主句或独立句，一般都有状语从句或时间状语限制；相当于英语的将来完成时（shall/will ＋ have ＋过去分词）。

Il aura réparé la voiture avant la pluie. = *He'll have repaired the car before the rain.*

Avant d'aller au lit, Sophie aura terminé son travail. = *Before bedtime, Sophie will have completed his work.*

Ils seront sortis quand tu rentreras à la maison. = *They'll be out when you get home.*

2.2.24 过去最近过去时（le passé immédiat dans le passé）

A. 构成

半助动词 venir 的未完成过去时＋ de ＋动词不定式。

【venir】

je venais	nous venions
tu venais	vous veniez
il venait	ils venaient

B.用法

表示从过去某一时间看是刚刚发生并完成的动作,相当于英语的 *had just done*。

Je venais juste de rentrer à la maison quand Marc a téléphoné.

马克打来电话时,我刚到家。

Elle est tombée et a cassé tous les œufs qu'elle venait d'acheter.

她摔倒了,把刚买的鸡蛋都摔坏了。

2.2.25 复合句(la phrase complexe)

句子可分为简单句和复合句。

简单句:结构相对简单,通常只有一个主谓结构,主谓宾等结构清晰,没有很复杂的变化。

复合句:由两个或两个以上的分句组成,可分成并列复合句和主从复合句。

并列复合句与英语并列句相同,由几个并列而又各自独立的分句组成,分句之间用并列连词连接或用逗号、分号等隔开。各分句地位相等,两个分句的连接也可以表达递进、转折等关系。

Elle a raconté une histoire drôle et nous avons beaucoup ri.

她讲了一个有趣的故事并且我们笑得很开心。

Nous assisterons au défilé, le soir nous regarderons le feu d'artifice.

我们将参加游行,晚上我们将看烟花。

主从复合句与英语复合句相同,由主句和从句组成,主、从句之间由从属连词、关系代词或疑问词连接。从句可分为名词性从句、关系从句和状语从句。

名词性从句同英语名词性从句,根据其作用可分为主语从句、宾语从句、表语从句、同位语从句。

Qu'il ait ou non donné des livres était devenu chose accessoire.(主语从句)

他是否捐赠书籍已成为次要问题。

Sophie dit qu'elle le trouve très beau.(宾语从句)

苏菲说她觉得他很帅。

Il est certain qu'il fera beau demain.(表语从句)

可以肯定的是,明天天气会很好。

Mon avis est que tu pourras continuer à travailler.(同位语从句)

我的意见是，你可以继续工作。

关系从句同英语定语从句，修饰、限定或解释主句中的名词或代词。

Je vais vous dire quelque chose qui va sûrement vous étonner.

我要告诉您一些肯定会让您大吃一惊的事情。

L'enfant que tu vois jouer dans le jardin est la fille de Mme Durand.

你看到在花园里玩耍的孩子是杜兰德夫人的女儿。

La Bourgogne est une région où on produit de très bons vins.

勃艮第是一个出产优质葡萄酒的地区。

Nous étions aux Etats-Unis l'année où il y a eu un tremblement de terre en Californie.

加利福尼亚发生地震的那一年，我们在美国。

Je suis très content de mon téléphone portable dont l'écran est très lisible.

我对我的手机非常满意，它的屏幕非常清晰。

J'ai écouté avec plaisir ce pianiste dont on m'avait beaucoup parlé.

我很喜欢听这位钢琴家的演奏，我听过很多关于他的事情。

J'ai trouvé tout ce dont j'avais besoin dans cette boutique.

我在这家店找到了我需要的一切。

J'ai acheté un ordinateur dont je suis très satisfait.

我买了一台很满意的电脑。

Il rentra dans la chambre dont il était sorti cinq minutes auparavant.

他回到了5分钟前离开的房间。

Paul m'a montré ces timbres dont beaucoup sont très précieux.

保罗给我看了这些邮票，其中很多都很有价值。

Ces touristes dont une dizaine viennent de l'Amérique seront bien reçus.

这些游客，其中有十几个来自美国，他们将受到很好的接待。

状语从句同英语状语从句，也叫副词性从句，可以修饰谓语、非谓语动词、定语或整个句子。状语从句一般由连词和连词短语引导，根据其作用可分为表示时间、地点、原因、条件、目的、结果、让步、方式和比较等意义的状语从句。

① 时间状语从句：一般由表示时间的连词（短语）引导，如 quand, lorsque（当……时，而……），alors que（当……时），au moment où（正当……的时候），dès que（一……就……），aussitôt que（一……就……），pendant que（在……期间）等。

Il partira quand la nuit viendra.

他会在天黑时离开。

Il s'est éloigné pendant que je ne le surveillais pas.

趁我没有盯着他的时候他溜走了。

② 目的状语从句：一般由表示目的的连词（短语）引导，如 pour que（为了），afin

que（为了）, de façon que（为的是、使得、以便）, en sorte que（使得、使之）, de manière que（使得、以致）等。

Téléphone-leur rapidement pour qu'on s'organise.

快点给他们打电话，我们好安排。

Elle accélère de façon que personne ne la suive.

为了让任何人都赶不上她，她加快了速度。

③ 结果状语从句：一般由表示结果的连词（短语）引导，从句所表示的动作是主句动作的结果，如 de telle façon que（以致）, de telle manière que（以致）, si bien que（以致）等。

Il n'a pas suffisamment travaillé si bien qu'il n'a pas passé l'examen.

他不够用功，以至于没有通过考试。

④ 原因状语从句：一般由表示原因的连词（短语）引导，它以从句的方式回答"为什么""因何"等问题，原因状语从句常由 parce que（因为）, puisque（既然）, comme（既然）, vu que（既然）, étant donné que（既然）, attendu que（既然）, sous prétexte que（以……为借口）等连词或连词短语引出。表示原因的从句可以位于句首、句尾或句中。

Il a eu une récompense, parce qu'il a bien fait son travail.

他得到了奖赏，因为他出色地完成了工作。

⑤ 让步状语从句：一般由表示让步的连词（短语）引导，如 quoique（尽管、虽然）, bien que（尽管）, malgré（尽管）, qui que（无论是谁）, quoi que（无论什么）, où que（无论哪里）, quel(le)(s) que（无论怎样）, tandis que（然而）, alors que（而）, au lieu que（反而、本应）等。

Bien qu'il pleuve, elle est sortie sans parapluie.

尽管天下着雨，她还是没带雨伞就出门了。

Quel que soit le résultat, je le ferai.

不管结果怎样，我都要去做。

⑥ 比较状语从句：以从句的形式回答主句提出的"怎样、像谁、像什么"等问题，可以有不同方面的比较。

比例关系：由 suivant que, selon que, au fur et à mesure, à mesure que, d'autant plus que, d'autant moins que 等引出的从句。

Vous avancerez d'autant plus vite que vous serez moins chargé.

您负重越少就走得越快。

相等关系：由 tel que, de même que, si que, tant que, aussi que, autant que 等引出的从句。

Il est aussi grand que tu l'étais à son âge.

他和你当年这个年龄时一样高。

相似关系：由 ainsi que，de même que，comme 等引出的从句。

Tu me regardes comme je te regarde.

你看我就像我看你一样。

⑦ 条件状语从句：表示主句动作实现的条件，从句可以由连词 si（如果），à condition que（只要），à supposer que（假设、假定），à moins que（除非），pour peu que（只要稍微），pourvu que（只要、但愿），soit que... soit que（或是……或是……）等短语引出。

Je soitirai à moins qu'il ne pleuve.

除非天下雨，不然我就出去。

Nous arriverons à l'heure, pourvu que nous trouvions un taxi.

只要我们能找到一辆出租车，我们就将准时到达。

2.2.26 形容词和副词的比较级和最高级（le comparatif et le superlatif des adjectifs et des adverbes）

A. 比较级

a. 构成方式。

较高程度：plus ＋形容词/副词＋ que；同等程度：aussi ＋形容词/副词＋ que；较低程度：moins ＋形容词/副词＋ que。

b. 例句（比较级中有时可加入一个表示程度差异的其他成分）。

Marie est plus <u>intelligente</u> que son frère.

玛丽比她哥哥更聪明。

Tu es aussi <u>grand</u> que moi.

你和我一样高大。

En été, il fait moins <u>chaud</u> à Shanghai qu'à Nanjing.

在夏季，上海比南京更凉爽。

Ce texte est <u>beaucoup plus difficile</u> à comprendre.

这段文字更难理解。

Ma sœur est plus <u>jeune</u> que moi de deux ans.

我妹妹比我小两岁。

Son ami est plus <u>grand</u> qu'elle d'une tête.

她的朋友比她高了一个头。

Paulette va au théâtre plus <u>souvent</u> que sa sœur.

波莱特比她姐姐更经常去剧院。

Je parle français aussi <u>bien</u> que lui.

我的法语说得和他一样好。

Tiens! ta fille écrit plus vite qu'avant.
瞧！你的女儿写得比以前更快。
Il pleut moins souvent à Nice qu'à Paris.
尼斯下雨的频率比巴黎低。
Au centre de la ville, on se gare moins facilement.
在市中心，停车就不那么容易了。
Pierre court beaucoup moins vite que ses camarades.
彼得跑得比他的朋友们慢得多。
Le guide est arrivé à l'hôtel une heure plus tôt que les voyageurs.
导游比旅行者早一个小时到达酒店。

B. 最高级

形容词		副词	
最高程度	最低程度	最高程度	最低程度
le (la, les)＋plus＋形容词	le (la, les)＋moins＋形容词	le＋plus＋副词	le＋moins＋副词
与英语的形容词最高级相同，但定冠词要与有关形容词的性、数一致。最高级的补语（即比较范围），通常由介词de引导，有时可省略		与英语的副词最高级相同，定冠词没有性、数变化（因副词无性、数）。最高级的补语（即比较范围），通常由介词de引导，有时可省略	
Paris est la plus belle ville de France, je crois. Ces deux chambres sont les moins grandes de l'hôtel. Dupont est un de mes plus vieux amis. Shanghai est un des ports les plus importants de Chine. 形容词的最高级有时放在名词后面，重复定冠词： Paris est la ville la plus belle de France. Voilà les romans les plus intéressants de notre bibliothèque.		Mme Dupont va au supermarché le plus souvent de tous les habitants du quartier. Viens le moins souvent possible.	

C.特殊词形

a. 形容词：bon、 mauvais、petit。

形容词bon 在表示较高意义时，用下列形式
bon   bonne   bons   bonnes 比较级   meilleur   meilleure   meilleurs   meilleures 最高级   le meilleur   la meilleure   les meilleurs   les meilleures 但表示较低或同等意义时，仍用aussi bon、moins bon La plaisanterie la plus courte est souvent la meilleure. Nous sommes les meilleurs.

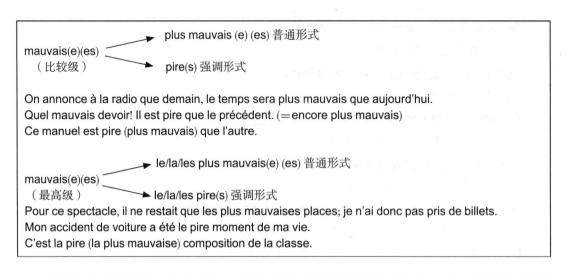

On annonce à la radio que demain, le temps sera plus mauvais que aujourd'hui.
Quel mauvais devoir! Il est pire que le précédent. (＝encore plus mauvais)
Ce manuel est pire (plus mauvais) que l'autre.

mauvais(e)(es)　　→ le/la/les plus mauvais(e) (es) 普通形式
（最高级）　　　→ le/la/les pire(s) 强调形式

Pour ce spectacle, il ne restait que les plus mauvaises places; je n'ai donc pas pris de billets.
Mon accident de voiture a été le pire moment de ma vie.
C'est la pire (la plus mauvaise) composition de la classe.

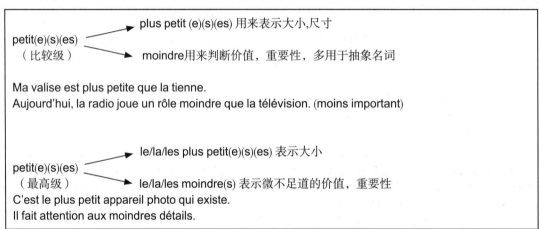

Ma valise est plus petite que la tienne.
Aujourd'hui, la radio joue un rôle moindre que la télévision. (moins important)

petit(e)(s)(es)　　→ le/la/les plus petit(e)(s)(es) 表示大小
（最高级）　　　→ le/la/les moindre(s) 表示微不足道的价值，重要性

C'est le plus petit appareil photo qui existe.
Il fait attention aux moindres détails.

b. 副词：bien、beaucoup、peu。

	比较级	最高级
bien	mieux 较高	le mieux
	aussi bien 同等	
	moins bien 较低	
beaucoup	plus 较高	le plus
	autant 同等	
peu	moins 较高	le moins
	aussi peu 同等	

Mon amie parle anglais mieux que moi, parce qu'elle lit plus.
La raison est simple : tu travailles moins bien, donc tu gagnes moins ; il travaille le mieux, il gagne le plus.
Je crois qu'elle lit autant que moi. （as much as, as many as）

组合表达
beaucoup de, peu de, plus de, moins de, autant de 等数量副词短语也可以有比较级和最高级。 比较级：数量副词短语＋名词＋que Il y a plus de clients au supermarché que chez les petits commerçants. Tu vois, j'ai acheté autant de livres que toi. Elles ont moins de temps pour faire leurs courses. Grâce à ce médicament, j'ai moins de fièvre qu'hier. 最高级：Le plus de / le moins de＋名词 C'est le samedi qu'il y a le plus de monde dans les magasins. C'est lui qui a le moins de capacité pour ce travail. Nicolas fait le plus de fautes dans sa dictée.
与数词连用的结构为：数词＋de plus que / de moins que J'ai deux ans de plus que ma soeur et trois ans de moins que mon frère ainé.
修饰动词结构的比较级：Verb＋plus /autant /moins＋que A l'époque de l'audiovisuel, est-ce qu'on lit autant qu'autrefois? Il a moins neigé qu'hier. 修饰动词结构的最高级：Verb＋le plus / le moins Les prépositions à et de sont celles qui s'emploient le plus.
plus…, plus / moins…, moins　越……，越…… / 越不……，越不…… Plus je lis des romans de Balzac, plus j'admire son talent. Moins on roule vite, moins on consomme d'essence. plus…, moins / moins…, plus　越……，越不…… / 越不……，越…… Plus elle se maquille, moins elle paraît naturelle.

2.2.27 不定式句（la proposition infinitive）

A. 不定式的结构

不定式是动词的名词形式，具有动词和名词双重特征，它前面不带类似英语的小品词 to。不定式有两种时态和两种语态，或以代动词的形式使用。如下表。

	现在时	过去时
主动态	aimer	avoir aimé
被动态	être aimé(e) (s)	avoir été aimé(e) (s)
代动词	s'aimer	s'être aimé(e) (s)

不定式是无人称语式，没有词形变化，然而，在代词式动词的形式下自反代词依然有词形变化。

Je peux me tromper.

我会搞错。

Tu peux te tromper.

你会搞错。

Il peux peut-être me tromper.

他会搞错。

Je peux peut - être me tromper.

我可能搞错了。

不定式有两种不同的时态，即不定式现在时和不定式过去时，它们并不是一种"时"概念，而只是一种"体"的概念，表示任何时间（过去、现在、将来）发生的行为或动作。

不定式现在时表示现在、过去或将来未完成的动作。

Nous voyons (avons vu, verrons) l'orage venir.

我们看到风暴来临。

Je l'a vu travailler.

我看见他在工作。

Il me prie de prendre la parole.

他请我讲话。

不定式过去时表示现在、过去或将来已经完成的动作。

Après avoir rangé ses livres, il se prépare (se préparait, s'est préparé, se préparera) à aller en classe.

他把书整理好便准备上教室。

Je regrette de vous avoir fait attendre si longtemps.

很抱歉让您久等了。

Je vous remercie de m'avoir aidé.

谢谢您帮助了我。

Je crois avoir bien fait.

我认为我做得对。

不定式有主动语态和被动语态。

Vous voulez danser la samba, à votre âge !（主动态）

您这把年纪还要跳桑巴舞！

Elle ne voudrait pas être vue.（被动态）

她不愿意被人瞧见。

Tout le monde veut suivre la conférence sur Notre-Dame de Paris.

每个人都想关注巴黎圣母院的会议。

Ce malade doit être opéré tout de suite, dit le médecin en chef.

主任医师说，这个病人必须立即进行手术。

B. 不定式的用法

不定式是动词的名词形式，除了具有动词的基本性质外，还具有名词的部分性质，其主要用法如下。

a. 不定式的名词特征。

与英语的不定式基本相同，在句中可作主语、表语、宾语、状语、补语等。

Bavarder avec lui est un très grand plaisir. （主语）
和他聊天是一种享受。
Il est difficile de réparer cette vieille voiture. （实质主语）
这辆旧车很难修理。
Vouloir, c'est pouvoir. （表语）
有志者事竟成
Paul aime lire et écrire. （直接宾语）
保罗喜欢阅读和写作。
On parle de bâtir des hôpitaux. （间接宾语）
我们正在谈论建造医院。
Nous faisons des économies pour acheter une machine à écrire. （状语）
我们正在攒钱买一台打字机。
Notre professeur a eu l'occasion de visiter le Louvre. （名词补语）
我们的老师有机会参观卢浮宫。
Toto était étonné d'entendre papa crier. （形容词补语）
多多听到爸爸的喊声，很是惊讶。
b. 不定式的动词特征。
① 可以有宾语、状语等。
Mon grand-père préfère commencer le roman policier par le milieu.
我的祖父更喜欢从中间开始讲侦探故事。
Veux-tu remettre ma composition au professeur?
你能把我的作文交给老师吗？
Nous nous sommes mis en route de bonne heure pour y arriver avant la nuit.
为了在天黑前到达那里，我们很早就出发了。
② 有现在时（即英语不定式的一般式）和过去时（即完成式）两种时态。
On a vu Pierre sortir de la librairie.
有人看到皮埃尔离开书店。
Nous espérons vous voir bientôt.
我们希望能很快见到您。
Elle semble avoir lu cet article.
她似乎读过这篇文章。
après, sans 后须用不定式过去时：
Il est parti sans avoir dit au revoir.
他没有说再见就离开了
Il s'est marié sans avoir dit à sa mère.
他瞒着母亲结婚了。

Après avoir dit au revoir, il monta dans le train.
告别后，他登上了火车。
Après s'être promenée, elle se remettra à travailler.
散步之后，她会回去工作。
注意：
不定式的否定要在动词前面放上 ne pas，这个是现在时的情况。如果是不定式过去时的否定，ne...pas 放在助动词的两边或放在助动词的前面，这两种情况都是会出现的，都可以使用，可以是 ne pas avoir + 过去分词，也可以是 n'avoir pas + 过去分词。
Il a regretté de ne lui avoir pas répondu à temps. =
Il a regretté de ne pas lui avoir répondu à temps.
他后悔没有及时回答她。
③ 可在句中作谓语。英语的不定式基本上无类似用法。
用于命令句，用作招贴、通知、处方等。
Ne pas fumer. 禁止吸烟。
Ralentir ! 减速！
用于感叹句，表示惊讶、愤慨、愿望等。
Comment ? Rouler à 100 km à l'heure !
你是如何做到的？以每小时 100 公里的速度行驶！
À votre âge, Monsieur, être si obstiné !
先生，你这个年纪，还这么固执！
Ah ! Vivre à la campagne !
啊！住在农村！
用于疑问句，表示思考、犹豫。
Que faire ?
该怎么办？
Où aller ?
去哪儿？
Pourquoi ne pas essayer encore une fois ?
为什么不再试一试？
④ 用于介词 de 后，在叙述文中与 et 连用，表示突然发生的动作。
L'enfant s'approcha, et l'oiseau de s'envoler.
孩子走近，鸟儿就飞走了。
Il fit une bonne plaisanterie, et tout le monde de rire.
他开了个好玩笑，大家都笑了。

C. 不定式从句

谓语为不定式的宾语从句，称为不定式从句。它的主语一般是主句谓语的直接宾语。

如：faire + inf.

On fait jouer les enfants.

我们让孩子们去玩。

On les a fait jouer.

我们让他们玩。

On fait réparer la voiture à Paul.

我们让保罗来修车。

On la lui fait réparer.

它被修复了。

如：entendre, voir + inf.

J'entends mon père chanter.

我听到父亲唱歌。

Je vois ma mère danser.

我看到我妈妈在跳舞。

不定式从句往往出现在 voir、regarder、entendre、écouter、sentir 等感官动词后面。

Ils regardent un chauffeur réparer une vieille voiture.

他们看到司机在修理旧车。

Elle a vu un des deux hommes lancer quelque chose dans le magasin.

她看见两个男人中的一个往商店里扔东西。

注意：

① 如果不定式从句的主语为人称代词，则放在主句谓语之前。

Je l'entends parler dans la classe.

我听见他在教室里说话。

② 如果不定式动词是不及物动词，主语可以倒置（移后）。

J'entends aboyer un chien. (J'entends un chien aboyer.)

我听见一只狗在叫。

Je vois sortir les enfants. (Je vois les enfants sortir.)

我看着孩子们出去。

③ 如果不定式动词是及物动词，主语放在不定式动词前面。

J'ai entendu Pierre appeler.

我听见皮埃尔在呼唤。

不定式从句还可以出现在 faire 之后，表示"使或让某人做某事"，强调"要求"的意思。

L'enfant était malade ; son père a fait venir le médecin.

孩子病了，父亲让医生来。

注意：

① 在 faire 和不定式之间不能加入其他词。不定式句的主语是名词时，要放在不定式

后面。

  Je fais jouer les enfants.
  我让孩子们玩。
  Mon père a fait venir le médecin.
  我父亲让医生来。
  ② 不定式从句有直接宾语时，faire 的直接宾语，即则不定式从句的主语改为间接宾语或施动者状语，由介词 à 或 par 引导，置于句末。
  Je fais réparer ma radio par Paul.
  我让保尔修理我的收音机。
  Elle fait réparer sa voiture à ce technicien.
  她让这位技工修理她的汽车。
  ③ 不定式从句的主语如果是人称代词，一般置于主句谓语前。（及物动词的不定式主语按间接宾语人称代词 à qn 处理，不及物动词的不定式主语按直接宾语人称代词 qn 处理）
  Mon père le fait venir.
  我父亲让他来。
  Je lui fais réparer la radio.
  我让他修理我的收音机。
  ④ 如果不定式句有两个代词，要按照 faire 的宾语次序处理，即直接宾语在间接宾语前。但是，命令式的肯定式例外，人称代词放在动词后面。
  Cette chanson, je la leur fais chanter.
  这首歌，我让他们唱。
  Faites-le venir.
  您让他来吧。
  Faites-lui réparer la radio.
  您让他修收音机吧。
  ⑤ 在复合时态中，过去分词不随其前面的直接宾语变化。
  Je les ai fait venir.
  我叫他们来的。
  ⑥ 有时不定式从句的主语可以不说出来。
  Je ferai réparer ma montre demain.
  我明天叫人修我的手表。
  Il s'est fait couper les cheveux.
  他（叫人给他）理发了。
  不定式从句也可出现在 laisser 后，表示"使或让某人做某事"，强调"允许，不予阻止"的意思。

① 在 laisser 和不定式之间可以加其他词。laisser 的直接宾语即不定式句主语是名词时，可以放在不定式前或后，不用做变动。

Il laisse Paul partir.
他让保尔走了。
Il laisse partir tout le monde.
他让大家走。
Il ne veut pas laisser son fils regarder la télé tous les soirs.
他不想让儿子每天晚上看电视。

② 不定式句的主语如是人称代词，一般置于主句谓语前。

Le médecin les laisse faire du sport.
医生让他们进行体育锻炼。
On le laisse rentrer maintenant.
现在让他回去了。

③ 但是，命令式的肯定式例外，人称代词放在后面。

Laissez-le faire ce qu'il veut. 让他干自己想干的事吧。
Laissez-moi porter ces valises. 让我抬这些箱子吧。
Laissez-moi passer ! 让我过去。

④ 在复合时态中，过去分词可变可不变。

Je les ai laissé(s) partir. 我叫他们走的。

⑤ 有时不定式句的主语可以不说出来。

Bien faire et laissez dire.
尽力而为，不畏人言。

2.2.28 简单过去时（le passé simple）

简单过去时并不是很简单的意思，而是与简单将来时一样，表示简单形式变位，即依靠动词自身变位即可完成，不需要助动词帮助完成，称之为简单时态。

A.构成

① 第一组规则变位动词（包括 aller）的词根按人称加上 ai, as, a, âmes, âtes, èrent。

② 第二组规则变位动词以及部分第三组不规则变位动词的词根按人称加上 is, is, it, îmes, îtes, irent。(部分过去分词的发音以 [i] 结尾的第三组不规则动词，如 sortir, partir, rire, suivre, prendre, conduire)

③ 部分第三组不规则变位动词的词根按人称加上 us, us, ut, ûmes, ûtes, urent。(这些动词通常以 -oire 或者 -oir 结尾，或者过去分词的发音以 [u] 结尾)

简单过去时构成具体如下表。

第一组词尾	第二组词尾	第二组词尾	第三组词尾
marcher	finir	suivre	boire
Je marchai	Je finis	Je suivis	Je bus
Tu marchas	Tu finis	Tu suivis	Tu bus
Il marcha	Il finit	Il suivit	Il but
Nous marchâmes	Nous finîmes	Nous suivîmes	Nous bûmes
Vous marchâtes	Vous finîtes	Vous suivîtes	Vous bûtes
Ils marchèrent	Ils finirent	Ils suivirent	Ils burent

注意区别简单过去时、复合过去时以及简单将来时的变位。

简单过去	Je marchai	Je finis	Je bus
未完成过去	Je marchais	Je finissais	Je buvais
简单将来	Je marcherai	Je finirai	Je boirai

特殊情况举例如下表。

Être	Avoir	Faire	venir
Je fus	J'eus	Je fis	Je vins
Tu fus	Tu eus	Tu fis	Tu vins
Il fut	Il eut	Il fit	Il vint
Nous fûmes	Nous eûmes	Nous fîmes	Nous vînmes
Vous fûtes	Vous eûtes	Vous fîtes	Vous vîntes
Ils furent	Ils eurent	Ils firent	Ils vinrent

B.用法

简单过去时仅用于书面的叙述性文体中，常用第三人称。它表示过去某一确定时间内已经完成、与现在没有联系的动作；英语中用一般过去时表示。

Le peuple de Paris prit la Bastille le 14 juillet 1789.

1789 年 7 月 14 日，巴黎人民占领了巴士底狱。

它也可以表示过去一系列的动作：

Soudain, il ouvrit l'armoire, prit son manteau et sortit sans mot dire.

突然，他打开衣柜，拿着他的外套，一言不发地走了出去。

2.2.29 愈过去时（le plus-que-parfait）

A. 构成

avoir / être（未完成过去时）+过去分词。如下表。

parler		dire		aller	
j'avais parlé	nous avions parlé	j'avais dit	nous avions dit	j'étais allé(e)	nous étions allés(es)
tu avais parlé	vous aviez parlé	tu avais dit	vous aviez dit	tu étais allé(e)	vous étiez allé(e)(s)(es)
il avait parlé	ils avaient parlé	il avait dit	ils avaient dit	il était allé	ils étaient allés
elle avait parlé	elles avaient parlé	elle avait dit	elles avaient dit	elle était allée	elles étaient allées

B. 用法

a. 相当于英语的过去完成时，表示在另一个过去动作（复合过去时、未完成过去时、简单过去式等）之前已经完成的动作，多用于主从复合句中。

Il est sorti de la bibliothèque quand il avait fini ses devoirs.（从句）

他做完作业就离开了图书馆。

Quand Paule est rentré, ses parents s'étaient déjà couchés depuis une heure.（主句）

当保尔回到家时，她的父母已经在床上躺了一个小时了。

b. 起语式作用时，内涵丰富。

① 表示假设，指过去实际并没有发生的事情。

Si j'avais voulu, j'aurais réussi.（条件式过去时）

如果我想，我就会成功。

② 也可以指将来可能完成的事情。（对将来的设想、假设）

Si demain vous aviez échoué, recommenceriez-vous ?

如果你明天失败了，你会再做一次吗?

③ 表示惊叹、遗憾、后悔、婉转等语气。

Ah! Si j'avais su !

啊！如果我知道就好了！

Si j'avais envoyé ce message un peu plus tôt !

如果我早一点发出这条消息就好了！

J'étais venu vous présenter ma note.

我来给你看我的笔记。

愈过去时 (le plus-que-parfait) 和愈复合过去时 (le passé surcomposé) 的比较如下表。

		Le plus-que-parfait	Le passé surcomposé
形式		avoir/être(imparfait)+V. pp.	avoir/être(passé composé)+V. pp.
用法	时态配合	在另一个过去动作（复合过去时、未完成过去时、简单过去时等）之前完成的动作	在另一个复合过去时表示的动作之前完成的动作（一般用quand, après que;尤其用dès que, aussitôt que）
	主从复合句	时间状语从句、原因状语从句、关系从句等，以及主句中	时间状语从句
	独立句	表达惊叹、遗憾、委婉等语气	与vite、bientôt连用，表示很快便完成了的过去动作
	其他		代动词不再使用愈复合过去时，但被动语态仍可使用

{ Il est sorti de la bibliothèque <u>quand</u> il avait fini ses devoirs.
{ Il est sorti de la bibliothèque <u>quand</u> il a eu fini ses devoirs.

Elle était bien contente, <u>parce qu'</u>elle avait revu ses parents.

Je vous l'avais bien dit !

Dès qu'il a eu été guéri, il s'est remis au travail.

Après que la photo a eu été prise, nous sommes remontés dans l'autocar.

<u>Dès que</u> Claudette a été descendue, Robert s'est remis au travail.

2.2.30 直接引语和间接引语（le discours direct et le discours indirect）

引用他人原话，称为直接引语。将原话的意思转述出来，称为间接引语。间接引语在主从复合句中作宾语，起宾补作用。

总的来说，直接引语变成间接引语，结构要变，人称要变，标点要变，时态要变，副词要变。

A.构成

a. 如果直接引语是陈述句，间接引语用连词 que 和主句动词相连。

Paul dit:《Je pars samedi.》

Paul dit qu'il part samedi.

b. 如果直接引语是疑问句，间接引语（间接疑问句）的构成分为以下三种情况。

① 一般疑问句变成间接引语时，用连词 si（相当于 *if* 或 *whether*）与动词相连。

Est-ce qu'elle est partie?

Je ne sais pas si elle est partie.

② 以 qui、quel、où、comment、quand、pourquoi、combien 等疑问词构成的特殊疑问句变成间接引语时，要保留原来的疑问词。（当疑问词前有介词时，介词要保留）

A qui écrivez-vous?

Dites-moi à qui vous écrivez.

Quelle heure est-il maintenant?

Dites-moi quelle heure il est maintenant.

③ 疑问词如果是 qu'est-ce qui（物作主语）或者 qu'est-ce que（物作宾语）（或 que 开头的），在间接引语中要相应改成 ce qui 或 ce que。

Qu'est-ce qui s'est passé hier?

Dites-moi ce qui s'est passé hier.

Qu'est-ce que nous devons faire maintenant? （*What should we do now?*）

Je ne sais pas ce que nous devons faire maintenant.

注意：

① 间接疑问句中，像英文一样，不需要倒装形式，是陈述语序，不用问号。

② 间接引语中，要根据直接引语的人称相应改变其人称及其变位动词。

Avec qui parles-tu ?

Il veut savoir avec qui je parle.

B. 时态

a. 当主句使用现在时，直接引语变为间接引语，时态还是用现在时。

Il nous demande：《Qu'est-ce que vous voulez faire?》

Il nous demande ce que nous voulons faire.

b. 当主句使用过去时态时，从句动词时态的变化基本上分为三种情况。如下表

直接引语	间接引语
présent 现在时	imparfait 未完成过去时
passé composé 复合过去时	plus-que-parfait 愈过去时
futur simple 简单将来时	futur dans le passé 过去将来时

Il m'a demandé :《Regardez-vous souvent la télévision?》

Il m'a demandé si je regardais souvent la télévision.

Il a demandé à Marie:《Qu'est-ce que vous voulez acheter?》

Il a demandé à Marie ce qu'elle voulait acheter.

Il m'a demandé :《Avez-vous fini votre travail ?》

Il m'a demandé si j'avais fini mon travail.

Il m'a demandé :《Avez-vous visité le Louvre ?》

Il m'a demandé si j'avais visité le Louvre.

Il a dit :《Je partirai le 19 juin.》

Il a dit qu'il partirait le 19 juin.

Il m'a demandé:《Quand travaillerez-vous ?》

Il m'a demandé quand je travailerais.

c. 直接引语变成间接引语时，除根据句子的意思，改变直接引语的人称、时态、指示代词和指示形容词外，有时还要改变时间副词和地点副词。具体变化如下表。

直接引语	间接引语
maintenant（现在，此时）	alors, à ce moment-là（那时，那时候）
en ce moment（这时，这会儿）	à ce moment -là（那时，那会儿）
ce soir（今晚）	ce soir-là（当晚）
aujourd'hui（今天）	le jour même, ce jour-là（当天，那一天）
demain（明天）	le lendemain（第二天）
hier（昨天）	la veille（前一天）
il y a（前）	plus tôt, avant（之前）
dans（过两天）	plus tard, après（之后）
dernière（上）	précédente（上一个，前一个）
prochaine（下）	suivante（下一个，后一个）
ici（这里）	là（那儿，那里）

Il dit：《Je suis très occupé maintenant.》
Il a dit qu'il était très occupé à ce moment-là.

Il me demandé：《Es-tu libre ce soir ?》
Il m'a demandé si j'étais libre ce soir-là.

Ils disent：《Nous partirons demain.》
Ils ont dit qu'ils partiraient le lendemain.

2.2.31 主有代词（le pronom possessif）

与英语名词性物主代词的用法基本相同，代替带有主有形容词的名词，并与被代替的名词保持性、数一致。

	单数		复数	
	阳性	阴性	阳性	阴性
我的	le mien	la mienne	les miens	les miennes
你的	le tien	la tienne	les tiens	les tiennes
他（她）的	le sien	la sienne	les siens	les siennes
我们的	le nôtre	la nôtre	les nôtres	
您的,你们的	le vôtre	la vôtre	les vôtres	
他（她）们的	le leur	la leur	les leurs	

◆对比英语

阳性单数	阴性单数	阳性复数	阴性复数	英语
le mien	la mienne	les miens	les miennes	*mine*
le tien	la tienne	les tiens	les tiennes	*yours*
le sien	la sienne	les siens	les siennes	*his, hers*
le / la nôtre		les nôtres		*ours*
le/ la vôtre		les vôtres		*yours*
le / la leur		les leurs		*theirs*

① 主有代词可代替主有形容词加名词，避免重复。
Ma chambre est plus grande que **la vôtre**.
　　　　　　　　　　　　　　　　votre chambre

Voilà notre classe, **la leur** est au premier étage.
　　　　　　　　　leur classe

Le professeur est content de mes études et **des tiennes**.
　　　　　　　　　　　　　　　　　　　　tes études

Ton enfant a 10 ans, **le sien** en a 12.
　　　　　　　　　son enfant

② 主有代词阳性复数形式可不代替任何名词，表示家人、亲友、自己人等。
Elle est très heureuse de retrouver les siens.

Ne dites pas cela à eux, ils ne sont pas des nôtres.

Les Vincents nous traitent comme les leurs.

③ 阳性主有代词如遇介词 à 或 de，要缩合。
au mien = à le mien
aux miens = à les miens
du mien = de le mien
des miens = de les miens

2.3 高级语法总结

2.3.1 现在分词与副动词（le participe présent et le gérondif）

现在分词与副动词主要区别如下表。

	现在分词	副动词
用途	笔语，口语很少使用	笔语和口语
修饰	名词或代词	动词（顾名思义）
性数	除作形容词时，其他皆无性、数变化	无性、数变化
构成	去掉直陈式第一人称复数的词尾-ons，另加-ant	在现在分词前加en就构成副动词
举例	parler : nous parlons → parlant → finir : nous finissons → finissant → venir : nous venons → venant → faire : nous faisons → faisant → se promener : se promenons → se promenant	en parlant en faisant en venant en faisant en se promenant
特殊	avoir-ayant ; être-étant ; savoir-sachant	en ayant ; en étant ; en sachant
用法	① 用作定语，紧接在被修饰词之后，相当于qui引导的从句。 L'étranger cherche à trouver quelqu'un connaissant（=qui connaisse）à la fois le français et l'anglais. ② 表时间、原因、条件、方式等。 Voyant（=quand elle voit）que tout le monde est déjà assis, elle va vite à sa place.（现在分词表示时间一般先于主句动作） Ayant（=Comme il a）mal à la tête, il décide de rester au lit.	① 时间状语，表动作的同时性。（前置或后置） N'oubliez pas de fermer la port en sortant. 出去时别忘了关门。 ② 方式、方法状语。(后置) Elle arriva en courant. 她跑来了。 Ne lis pas en mangeant. 别一边吃饭一边看书。 ③ 条件状语。（前置或后置） En se levant plus tôt le matin, il n'arrivera pas en retard. 如果早上起早点，他就不会迟到了。 ④ 副动词前加tout，强调动作的同时性。 Le petit garçon crie tout en pleurant.
注意	① 现在分词可以有自己的主语。 J'ai vu Jacque sortant du cinéma. ② 现在分词常作原因、方式或条件状语。 ③ 可作时间状语，表示"与……同时"，现在分词侧重修饰主语。 Sortant du cinéma, j'ai vu Jacque. ④ avoir 和être 一般只用现在分词形式。	① 副动词的主语只能是句子的主语。 J'ai vu Jacque en sortant du cinéma. ② 副动词一般作方式或条件状语。 ③ 可作时间状语，表示"与……同时"，副动词侧重修饰动词。 En sortant du cinéma, j'ai vu Jacque. ④ avoir 和être 一般不用副动词形式。

A. 现在分词

a. 引导副词性从句（状语从句）。

时间：Quittant la salle, j'aperçois Pierre.

在离开房间的时候，我看到了皮埃尔。

Je l'ai surpris fouillant dans mes affaires.(alors qu'il fouillait)
我无意中看见他在翻我的东西。

伴随：Il est parti à l'étranger, pensant y faire fortune.（与主句动词相伴随的动作）
他出国了，想着在那里发财。

条件：Présentant vos excuses, vous pourriez tout arranger.
您道歉了，一切就没问题了。

La demande paraîtrait plus naturelle venant de vous. (si elle venait…)
如申请来自您就显得更自然。（如果申请来自）

让步：Ayant un emploi, il réussit son examen. (Bien qu'il ait…)
虽然他在上班，依然通过了考试。

Croyant bien faire, il a tout gâché. (Bien qu'il ait cru…)
他以为自己做好了，却把一切都弄糟了。（尽管他以为）

方式：Faisant de l'aquarelle, elle se détend.
她通过画水彩画来放松自己。

原因：Aimant la campagne, elle ne supporte pas de vivre à la ville.
因为她喜欢乡下的生活，所以难以忍受城里的日子。

Sentant la faiblesse de son argument, il préféra renoncer. (comme il sentait…)
感到理由不充足，他宁可放弃。（由于他感到）

b. 引导形容词性从句（类似于关系从句）。

Je cherche une fille parlant français. = Je cherche une fille qui parle français.
我要找一个会说法语的女孩子。

Il était poursuivi par une meute hurlant de fureur . (qui hurlait de fureur).
（当时）他被一群狂叫的猎犬追赶。（狂叫着的）

c. 引导独立分词句。

La pluie ne cessant pas, je décide de rester à la maison.
因为雨不停地下，所以我决定待在家里不出去了。（分词 cessant 的主语 la pluie，同主句动词 décider 的主语 je，不是同一个主语）

d. 引导并列句。

Il se jeta à la porte, criant : Au voleur ! = et cria : Au voleur !
他扑到门口，大喊：小偷！＝并喊道：小偷！

e. 代替"être en train de ＋不定式动词"结构，表示正在做……

On le voit toujours errant comme une âme en peine.(en train d'errer…)
人们总看见他如同地狱里受苦的灵魂在游荡。（正在游荡）

B. 副动词

作句中谓语的状语，相当于英语中作状语的现在分词短语。它可以表示时间、方式、方法和条件，一般不表原因。

时间：En montant l'escalier (*when/ while going upstairs*), il pensait à sa mère qui était bien malade.

Rapporte le pain en passant(*when/ while passing*).

方式：Il est venu en courant (*running*) pour nous annoncer cette bonne nouvelle

条件、假设：En prenant (*taking*) le métro, vous gagneriez une demi-heure.

Vous prendrez des risques en conduisant (*driving*) très vite.

2.3.2 直陈式先过去时（le passé antérieur de l'indicatif）

A. 直陈式先过去时的构成

avoir/ être（简单过去时）+过去分词。如下表。

avoir		être	
J'eu	Nous eûmes	Je fus	Nous fûmes
Tu eus	Vous eûtes	Tu fus	Vous fûtes
Il eut	Ils eurent	Il fut	Ils furent
elle eut	elles eurent	elle fut	elles furent
parler		aller	
J'eu parlé	Nous eûmes parlé	Je fus allé(e)	Nous fûmes allés(es)
Tu eus parlé	Vous eûtes parlé	Tu fus allé(e)	Vous fûtes allé(e)(s)(es)
Il eut parlé	Ils eurent parlé	Il fut allé	Ils furent allés
elle eut parlé	elles eurent parlé	elle fut allée	elles furent allées

B. 直陈式先过去时的用法

与简单过去时配合，用于以 dès que、à peine...que、aussitôt que、lorsque、quand 等引导的时间状语从句中，表示在另一过去动作前不久刚刚发生的动作。相当于英语中与 *as soon as*、*no sooner than* 等一起使用的过去完成时。

Dès que son fils se fut couché, M. Dupont se remit à travailler.

儿子一上床，杜邦先生就又开始工作了。

Elle se leva aussitôt que la pendule eut sonné trois coups.

闹钟响了三下，她就起床了。

Les spectateurs applaudirent lorsque les acteurs eurent paru sur la scène.

当演员们出现在舞台上时，观众们都鼓起了掌。

注意：

à peine...que 引导的从句采用主、谓语倒装词序

À peine eut-elle parcouru le message qu'elle poussa un cri de joie.

她刚看完信息，就发出一声欢呼。

2.3.3 虚拟式（le subjonctif）

虚拟式是说话人对一个动作做出判断和解读的语式，因而它是主观性的语式，主要用于从句中。从句是否使用虚拟式取决于主句的动词（动词、动词短语、无人称动词等）或取决于所代替的先行词在从句中是否涉及主观愿望或是实际不存在的。

A. 虚拟式使用的原则

① 虚拟式的使用带有明显的、强烈的情感色彩和说话者的主观意愿和看法。

② 虚拟式主要用于各种从句中（名词性从句、形容词性从句、副词性从句）。是否使用虚拟式一般并不取决于说话者的意愿，而是由主句所使用的动词或动名词结构的短语所决定的。也就是说，这些动词或短语是语法上要求在从句中必须使用虚拟式的。

③ 虚拟式有时用于独立句，此时主要表示对第三人称的命令、愿望、请求等语气。

④ 使用虚拟式过去时，主要考虑两点：从句动词表示已经完成的事实；从句所陈述的事情未必真的已经完成，而是强调在某一将来的时间之前必须完成的概念。

B. 虚拟式的时态

虚拟式有 4 个时态，目前常用的有虚拟式现在时和虚拟式过去时（即虚拟式复合过去时，而其他用于虚拟式的过去时态已经很少使用）。

a. 虚拟式时态的构成。

① 现在时的构成：去掉直陈式现在时第三人称复数词尾（ent），加词尾：e，es，e，ions，iez，ent。如下表。

parler	finir	mettre
ils parlent	ils finissent	ils mettent
que je parle	que je finisse	que je mette
que tu parles	que tu finisses	que tu mettes
qu'il parle	qu'il finisse	qu'il mette
qu'elle parle	qu'elle finisse	qu'elle mette
que nous parlions	que nous finissions	que nous mettions
que vous parliez	que vous finissiez	que vous mettiez
qu'ils parlent	qu'ils finissent	qu'ils mettent
qu'elles parlent	qu'elles finissent	qu'elles mettent

有些第三组动词的虚拟式是在 2 个词干的基础上构成的；6 个人称（je, tu, il, elle, ils, elles）是在第三人称复数的词干基础上构成的；2 个人称（nous, vous）是在第一人称复数的词干基础上构成的。如下表。

prendre	
ils prennent - ent	nous prenons - ons
que je prenne	que nous prenions
que tu prennes	que vous preniez
qu'il prenne	
qu'elle prenne	
qu'ils prennent	
qu'elles prennent	

注意：此类变位有 venir、voir、boire、recevoir、croire 等。

venir	ils viennent nous venons	que je vienne	que nous venions
		que tu viennes	que vous veniez
		qu'il vienne	qu'ils viennent
voir	ils voient nous voyons	que je voie	que nous voyions
		que tu voies	que vous voyiez
		qu'il voie	qu'ils voient

不规则动词的变化如下表。

Avoir	**Être**	**Aller**	**Faire**
J'aie	Je sois	J'aille	Je fasse
Tu aies	Tu sois	Tu ailles	Tu fasses
Il/elle ait	Il/elle soit	Il/elle aille	Il/elle fasse
Nous ayons	Nous soyons	Nous allions	Nous fassions
Vous ayez	Vous soyez	Vous alliez	Vous fassiez
Ils/elles aient	Ils/elles soient	Ils/elles aillent	Ils/elles fassent
Pouvoir	**Vouloir**	**Savoir**	**Falloir**
Je puisse	Je veuille	Je sache	qu'il faille
Tu puisses	Tu veuilles	Tu saches	Pleuvoir
Il/elle puisse	Il/elle veuille	Il/elle sache	qu'il pleuve
Nous puissions	Nous voulions	Nous sachions	Valoir
Vous puissiez	Vous vouliez	Vous sachiez	que je vaille
Ils/elles puissent	Ils/elles veuillent	Ils/elles sachent	que nous valions

② 过去时的构成：用 avoir 或 être 的虚拟式现在时作助动词＋过去分词。如下表。

Avoir	Être
J'aie	Je sois
Tu aies	Tu sois
Il/elle ait	Il/elle soit
Nous ayons	Nous soyons
Vous ayez	Vous soyez
Ils/elles aient	Ils/elles soient

Travailler	Partir
que j'aie travaillé	que je sois parti (e)
que tu aies travaillé	que tu sois parti (e)
qu'il ait travaillé	qu'il soit parti
qu'elle ait travaillé	qu'elle soit partie
que nous ayons travaillé	que nous soyons partis (es)
que vous ayez travaillé	que vous soyez parti (e, s, es)
qu'ils aient travaillé	qu'ils soient partis
qu'elles aient travaillé	qu'elles soient parties

③ 未完成过去时（用于高雅语言）的构成：去掉直陈式简单过去时第一人称单数 je 的变位最后一个字母，加词尾 sse，sses，t，ssions，ssiez，ssent。

Avoir: j'eu(s) — que j'eusse, qu'il eût

Être: je fu(s) — que je fusse, qu'il fût

Parler: je parla(i) — que je parlasse, qu'il parlât

Finir: je fini(s) — que je finisse, qu'il finît

Vouloir: je voulu(s) — que je voulusse, qu'il voulût

Voir: je vi(s) — que je visse, qu'il vît

注意：第三人称单数有长音符，以区别于直陈式简单过去时。

Il eut — qu'il eût   il parla — qu'il parlât

④ 愈过去时（用于高雅语言）的构成：用 avoir 或 être 的虚拟式未完成过去时作助动词＋过去分词。如下表。

Avoir	Être
J'eusse	Je fusse
Tu eusses	Tu fusses
Il/elle eût	Il/elle fût
Nous eussions	Nous fussions
Vous eussiez	Vous fussiez
Ils/elles eussent	Ils/elles fussent

Faire	Venir
J'eusse fait	Je fusse venu(e)
Tu eusses fait	Tu fusses venu(e)
Il/elle eût fait	Il/elle fût venu(e)
Nous eussions fait	Nous fussions venu(e)s
Vous eussiez fait	Vous fussiez venu(e)s
Ils/elles eussent fait	Ils/elles fussent venu(e)s

虚拟式未完成过去时和愈过去时现在已经逐渐不用，在书面用语中往往限于第三人称。在口语和日常使用的书面语中（写信、报告等），往往用虚拟式现在时代替未完成过去时，用虚拟式过去时代替愈过去时。虚拟式未完成过去时和虚拟式愈过去时，只出现于高雅语言中。现代法语中，即使主句动词用过去时，也不用虚拟式未完成过去时或愈过去时来搭配，用虚拟式现在时或过去时即可。

b. 虚拟式时态的用法。

① 主句用直陈式现在时或简单将来时或条件式，从句用虚拟式现在时表示现在时刻或将来时刻同时发生的动作。

Bien que mon père soit malade, il ne veut pas se reposer.

我的父亲虽然病了，但是不肯休息。

Où que tu ailles, je ne te quitterai jamais.

不论你走到哪里，我永远都不会离开你。

Je crains qu'elle ne vienne après-demain.

我怕她后天来。

Il faudra que tu partes bientôt.

你应当马上动身。

虚拟式现在时相当于直陈式现在时或将来时，上述例句可改写如下。

Mon père est malade, cependant il ne veut pas se reposer.

Tu vas n'importe où, je ne te quitterai jamais.

Viendra-t-elle après-demain? je le crains.

Tu partiras bientôt, il te le frauda.

② 主句用直陈式现在时或简单将来时，从句谓语用虚拟式过去时表示过去时刻或将来一定时刻之前已经完成了的动作。

Il est très content que tu sois arrivé.

他很高兴你来了。

Tous les gens se réjouiront qu'il ait réussi.

他获得了成功，大家会高兴的。

Il faut que tu aies fini test devoirs dans trois heures.

你要在三个小时内完成作业。

Il demande que nous soyons partis avant midi.

他要求我们中午以前出发。

虚拟式过去时相当于直陈式复合过去时或先将来时，上述例句可改写如下。

Tu es arrivé, il en est très content.

Il a réussi, tous les gens s'en réjouiront.

Tu auras fini tes devoirs dans trois heures, il te le faut.

Nous serons partis avant midi, il nous le demande.

③ 主句谓语用直陈式过去时（如复合过去时、未完成过去时、简单过去时）或条件式，从句谓语用虚拟式未完成过去时，表示和主句谓语的动作同时发生或将来发生的动作。

Quoi qu'il fût économe, il était généreux.

虽然他很节俭，但慷慨助人。

Je céderais, non pas qu'il me fît peur.

我让步，并不是我怕他。

Il était content qu'elle arrivât dans deux ans.

他那时很高兴，再过两天她就要来了。

虚拟式未完成过去时相当于直陈式未完成过去时（表示同时）或条件式现在时（过去的将来），上述例句可改写如下。

Il était économe, cependant il était généreux.

Il ne me faisant pas peur, mais je céderais.

Elle arriverais dans deux jours, il en étais content.

主句用直陈式过去时、条件式现在时或过去时，从句谓语用虚拟式愈过去时，表示主句谓语的动作之前或将来一定时刻已经完成了的动作。

Je ne me couchai pas avant que ma mère fût rentrée.

在我母亲没回家前我不睡觉。（以前）

Je voudrais qu'il eût cessé de pleuvoir avant le départ de mes parents.

我希望在我父母动身前已经不下雨了。（将来）

④ 虚拟式愈过去时相当于直陈式愈过去时（表示先时）或条件式过去时（表示过去先将来时），上述例句可改写如下。

Je ne me couchai pas avant le moment où ma mère étais rentrée.
Aurait-il cessé de pleuvoir avant le départ de mes parents? Je le voudrais.

C.虚拟式的用法

a. 虚拟式用于名词性从句（补语类从句）。

① 主句谓语表示请求、命令、愿望、爱好、禁止等概念。

常见的表示"要求"的动词：demander prier exiger vouloir tenir à ce que（坚持要）

常见的表示"命令"的动词：ordonner commander

常见的表示"禁止"的动词：interdire refuser

常见的表示"愿望"的动词：désirer aimer aimer mieux préférer souhaiter

常见的表示"愿望"的短语：avoir envie avoir besoin

Le professeur exige que nous fassions des efforts plus soutenus.
老师要求我们再接再厉。

L'agent de police interdit qu'on stationne devant l'entrée du parc.
警察禁止在公园入口前停车。

As-tu besoin que je te dise ce que tu dois écrire?
你还要我来说你该写什么吗？

② 主句谓语表示快乐、悲伤、愤怒、惊讶、失望、害怕、担心、怀疑等情感概念。（这一类情况最常见的是由动词 être 和形容词组成的短语，另外还有一些表示情感的动词或短语）

由动词 être 和形容词组成的短语。

高兴、自豪、满意：être ravi être fier être heureux être content être satisfait

生气、悲伤、愤怒：être mécontent être triste être fâché être fâcheux
être furieux

奇怪、惊讶：être curieux être surpris être étonné

烦恼 遗憾、失望：être ennuyé être désolé être déçu c'est dommage

表示情感的动词或短语：

se réjouir（为……高兴） détester s'étonner regretter s'énerver（恼火、紧张）

se fâcher avoir peur avoir crainte craindre redouter（畏惧、担心）

douter（怀疑、不相信） contester（否认、怀疑）

Je me réjouis vraiment que vous soyez en bonne santé.
您身体这么好，真是令我高兴。

C'est dommage qu'il faille partir si tôt.
很遗憾必须这么早出发。

Je conteste qu'il <u>ait dit</u> une telle bêtise.
我不相信他会说出这么蠢的话。

③ 主句谓语是关于赞同、反对、好坏、是否应该等表示判断的概念。（这一类情况最常见的有：主句是由"无人称主语＋形容词"构成的无人称句或由无人称动词构成的句子）

Il est rare que nous usions de la même mesure pour nous et pour les autres.
我们在衡量自己和衡量他人时，很少会用同样的标准。

L'honnête homme qui dit oui ou non mérite qu'on le croie.
诚实的人所说的话（无论说得对或错）值得人们信赖。

Je trouve bon que vous ayez apporté tous les documents nécessaires.
你把所有必需的资料都带来了，我觉得这很好。

Je suis d'avis que nous fassions une petite promenade en ville avant de partir.
我认为我们应该在出发前到城里走一走。

由无人称主语＋形容词构成的无人称句。

il est bon   il est rare   il est temps   il est important   il est nécessaire

il est facile   il est naturel   il est juste   il est possible / impossible

il est utile   il est urgent   il est indispensable

由无人称动词构成的句子。

il faut que（必须……）

il importe que（必须、应该、重要的是……）

il se peut que（可能……）

il vaut mieux que（最好……）

il convient que （……是合适的，是恰当的）

b. 虚拟式用于形容词性从句（关系从句）。

① 表示主观愿望和目的（若是既成事实，则用直陈式）。

Je voudrais un livre qui <u>soit</u> intéressant et instructif.
我希望能有一本有趣且内容丰富的书。

Il cherche quelqu'un qui <u>connasse</u> la langue arabe.
他在找懂阿拉伯语的人。

Faites-vous des amis en qui vous <u>puissiez</u> avoir confiance.
你们要交一些可以信赖的朋友。

Pouvez-vous m'indiquer une librairie où l'on <u>vende</u> des livres français?
你能告诉我一家卖法语书的书店吗？

Il cherche une maison qui soit grande et claire et qui <u>donne</u> sur un jardin.
他正在寻找一所宽敞明亮且俯瞰花园的房子。

② 从句先行词中带有最高级形容词或 le premier、le dernier、le seul、l'unique、le suprême 等表示绝对意义的词，表示个人主观看法（意见或估价），但如果说的是无可怀

疑的事实，则用直陈式。

Voilà le meilleur film que j'aie jamais vu.
这是我看过的最好的电影。

Je crois que c'est le seul roman français qu'il ait lu.
我想这是他唯一读过的法国小说。

C'est le travail le moins intéressant que j'aie jamais fait.
这是我做过的最无趣的工作。

Les optimistes sont à peu près les seuls qui fassent quelque chose en ce monde.
乐观主义者几乎是唯一能够对这个世界做些事情的人了。

Le remède le plus efficace que l'on connaisse contre l'ennui, c'est le travail.
人们所知道的抵御烦恼的最佳良方，就是工作。

③ 如果从句先行词是表示否定概念的 personne、rien、aucun 等泛指代词，从句中要用虚拟式；如果主句表示怀疑、否定、疑问或加以条件限制（即在条件句中），从句中要用虚拟式。

Il n'y a rien qui <u>puisse</u> m'empêcher de partir.
什么都不能阻止我离开。

Il ne connaissait aucun chemin qui <u>conduise</u> à ce village.
他不认识任何一条通往这个村庄的道路。

Il y a peu d'hommes qui <u>soient</u> contents de leur sort.
很少有人满意自己的命运。

S'il existe un homme qui <u>sache</u> tout, c'est lui.
要说有一个人无所不知，那就是他了。

As-tu une raison qui <u>vaille</u>?
你到底有没有一个有价值的理由？

Est-il un homme qui <u>puisse</u> se vanter de n'avoir nul besoin de l'aide d'autrui?
难道有人能够宣称自己不需要任何人的帮助吗？

c. 虚拟式用于副词性从句（状语从句）。

① 表示时间的连词：avant que、en attendant que、jusqu'à ce que 等。

En attendant que vous entriez dans la vie, apprenez à vouloir.
在走进生活之前，您得学会服从（愿意学习）。

② 表示目的的连词：pour que、afin que、de façon que、de sorte que、de manière que、de peur que、de crainte que 等。

Le temps est trop précieux pour que nous en gaspillions aucun instant.
时间太珍贵了，我们不能浪费一分一秒。

③ 表示否定的连词：sans que、non (pas) que、(bien) loin que 等。

Le temps passe sans que nous nous en apercevions.

时间在我们不知不觉中溜走。

La souffrance, bien loin qu'elle soit un mal, est souvent une source d'énergie.

苦难，远远不是一件坏事，而往往是力量的源泉。

④ 表示原因的连词：de crainte que、de peur que，soit que…soit que…、soit que…ou que…，Non que…、Non pas que…、ce n'est pas que… 等。

Nous avons pris le parapluie de peur qu'il ne pleuve.

由于担心下雨，我们带了伞。

Soit qu'elle ait sommeil, ou qu'il soit trop tard, elle refuse de nous accompagner.

要么是因为困了，要么是因为太晚了，她拒绝陪伴我们。

⑤ 表示条件的连词：à condition que、à moins que、pourvu que、supposé que、à supposer que、pour peu que 等。

A moins qu'un homme ne soit un monstre, l'amour maternel touche toujours son cœur.

一个人除非是魔鬼，否则母爱总是能够触动他的内心的。

Pour peu qu'on réfléchisse, on reconnaîtra la vanité des grandeurs humaines.

我们只要稍加思考，就得承认人类对于辉煌的追求有多么虚荣。

⑥ 表示后果的连词：si…que…、tellement que、au point que、à tel point que、à ce point que 等。（这种用法在表示事实时，照样用直陈式）

Il n'est pas érudit au point que rien ne lui <u>soit</u> inconnu.

他还没有渊博到无所不知的程度。

对比：Elle travaille dur au point qu'elle y <u>a perdu</u> sa santé.

她工作艰辛到了失去健康的程度。（事实）

Est-il si myope qu'il ne me reconnaisse pas?

他真有那么近视，到了连我都认不出来的程度？

对比：Il est si myope qu'il ne me reconnaît pas.

他近视如此之深，以至于都认不出我了。

⑦ 表示让步的连词Ⅰ。

qui que：不论是谁（que 在从句中作表语，从句主语是人）

quoi que：不论干什么（que 在从句中作直接宾语）

quel que：不论是什么样的 (que 在从句中作表语，从句主语是物)

où que：不论哪儿

quelque +名词+ que：不论怎样的…… (quelque 后面的名词若是复数，必须配合)

quelque +形容词 / 副词+ que：不论怎样……

Ne montre ce document à qui que ce soit.

不要向任何人展示此文件。

A qui que vous vous adressiez, vous obtiendrez la même réponse.

无论你问谁，都会得到同样的答案。
Si vous avez besoin de quoi que ce soit, demandez-le.
如果您需要什么，尽管开口。
Nous partirons par quelque temps que ce soit.
我们随时都会离开。
Où que tu ailles, je te suivrai.
无论你去哪里，我都会跟着你。
Quel qu'il soit, il doit reconnaître la vérité.
不管他是谁，都必须认清真相。
Quel que soit le résultat, je le ferai.
无论结果如何，我都会去做。
Quoi que vous écriviez, évitez la bassesse.
无论您写什么，都不要羞于启齿。
Quoi qu'il se produise, rien ne changera notre plan.
无论发生什么事，都不会改变我们的计划。
Quelque bonnes que soient vos raisons, je ne vous permets pas de sortir par un temps aussi mauvais.
不管您的理由是什么，我都不允许您在这么恶劣的天气里出门。
Quelques raisons que vous donniez, vous ne convaincrez personne.
无论您给出什么理由，都无法说服任何人。
Qui que vous soyez, quoi que vous fassiez, quelque soit votre compétence, je ne puis vous confiez cette tâche.
无论您是谁，无论您做什么，无论您的能力如何，我都不能把这个任务托付给您。
⑧ 表示让步的连词Ⅱ。
虽然，尽管：bien que, quoique, malgré que 等。
Certaines personnes ont une grande fermeté d'âme, bien que leur corps soit débile.
有些人，尽管他们的身体孱弱，却拥有坚强的灵魂。
Quoiqu'il soit souvent pénible, le travail des champs a ses charmes.
田里的活计虽然常常是艰辛的，但自有其魅力所在。
⑨ 表示让步的连词Ⅲ。
不管……还是……：soit que...soit que... / que...ou que... / que...ou... 等。
Soit qu'il parte, soit qu'il reste, nous ne pourrons plus le voir.
不管他离开，还是留下，我们将无法再见到他。
Qu'il pleuve ou non, nous sortirons cet après-midi.
不管下雨还是晴天，我们今天下午都会出去。
Qu'il pleuve ou qu'il fasse du vent, je devrai partir.

不管下雨还是晴天，我都得离开。

d. 虚拟式用于独立句。

① 多用于第三人称，表示命令、禁止、或劝告。

Que personne ne fume ici!	谁都不许在这儿吸烟！
Qu'ils partent tout de suite!	叫他们赶快离开！
Que personne ne bouge!	谁都不许动！
Qu'il ne mette pas des bâtons dans les roues!	叫他别挡我的道！

② 多用于第三人称，表示祝愿、希望或诅咒。

Qu'il se porte bien!	愿他身体健康！
Que le diable l'emporte!	让他见鬼去吧！
Que je meurs si je mens.	我要是骗人立刻就死！（发誓、诅咒）

③ 用于感叹句或疑问句中，对假设的情况表示惊讶、愤慨，表达抗议和否定情感。

Moi, que je lui demande pardon!	
Moi, que je dise des mensonges!	什么？我，我会说谎？
Quoi?! que je fasse ça! C'est impossible!	什么？我会做这种事？不可能！
Moi, que je m'incline devant lui!	什么？让我在他面前屈服！
Comment? Que nous partions?! c'est fou!	怎么？让我们现在离开？简直疯了！
Qu'il mente! Pas possible!	他这个人会骗人！不可能！

④ 常用主谓语倒装结构、句首省略连词 que 的虚拟式，常见于一些习语。

Vive la France! 法兰西万岁！		Puisse-t-il réussir! 但愿他成功！
Dieu vous garde! 上帝保佑您！		

⑤ 用于一些常见的固定词组。

Advienne que pourra, fais ce que dois.	不管怎样，做你该做的事吧。
Sauvons coûte que coûte ce blessé.	我们要不惜任何代价抢救这个伤员。
Il faudra bien l'aider, vaille que vaille.	无论如何都得帮帮他。

e. 以下情况肯定句用直陈式，否定句和疑问句常用虚拟式。

croire que, espérer que, trouver que, penser que,

être sûr (certain) que, il est sûr (certain) que, il est clair que,

il est évident que, il lui semble que, il est probable que, etc.

Croyez-vous qu'elle vienne?

Ne viens pas, Je ne crois pas qu'il soit nécessaire.

但：Je crois qu'il sera capable de faire ce travail.

Espérez-vous que ce travail soit terminé ce soir?

但：J'espère que vous ferez des progrès dans vos études.

Trouvez-vous que cette solution soit acceptable?

但：Je trouve que sa santé est meilleure.

Il est probable qu'il fera beau demain.

但：Il est possible qu'il fasse beau demain.

Je ne pense pas qu'il <u>soit</u> d'accord là-dessus.

但：Je pense que nous devons participer au match.

Nous ne sommes pas sûrs que ça réussisse, mais on peut toujours essayer.

但：Je suis sûr qu'il viendra à notre soirée.

f. 虚拟式过去时举例。

① 从句动词表示已经完成的事实。

Elle est très contente que son fils <u>ait réussi</u> à l'examen.

她很高兴她的儿子成功通过了考试。

Nous étions très triste qu'il <u>soit mort</u> si jeune.

他这么年轻就去世了，我们感到很难过。

Bien qu'il <u>ait plu</u> pendant 3 jours, il ne fait pas froid aujourd'hui.

尽管下了三天雨，但今天天气并不冷。

② 从句所陈述的事情未必真的已经完成，而是强调在某一将来的时间之前必须完成的概念。

Il faut que nous <u>ayons terminé</u> la traduction avant la fin du mois.

我们必须在月底前结束翻译工作。

On demande aux passagers de ne pas détacher leur ceinture avant que l'avion <u>(ne) se soit immobilisé</u>.

人们要求机上乘客在飞机停止滑行前不要解开安全带。

Personne ne croit qu'il <u>ait fini</u> ses devoirs quand le professeur rentrera.

谁也不相信他会在老师回来之前完成作业。

虚拟式与直陈式易混淆的情况如下表。

直陈式		虚拟式	
近义词			
espérer	Jean **espère** qu'on viendra le voir à l'hôpital. (il croit vraiment)	souhaiter	Jean **souhaite** qu'on **vienne** le voir à l'hôpital. (il désire)
probable	**Il est probable** que le Conseil des ministres se tiendra exceptionnellement vendredi. (c'est presque sûr)	possible	**Il est possible** que le Conseil des ministres se **tienne** exceptionnellement vendredi. (ce n'est pas sûr)

paraître	Il **paraît** que le malade va mieux. (on dit que)	sembler	Il **semble** que le malade **aille** mieux. (on a l'impression mais on n'est pas sûr)
il me semble	**Il me semble** que c'est une bonne idée. (je pense que)	il semble	Il **semble** que ce soit une bonne idée. (il est possible)
se douter	Il y a un monde fou pendant le festival : je **me doute** bien que nous aurons du mal à trouver une chambre d'hôtel. (je suis sûr)	douter	**Je doute** qu'il y **ait** encore de la place dans les hôtels à cette date-là. (je ne suis pas sûr)

相同的词

肯定句	否定句或倒装疑问句
Les sauveteurs **sont certains** qu'il y a encore des survivants.	Les sauveteurs **ne sont pas certains** qu'il y **ait** encore des survivants.
此类词语汇总 1)avoir l'impression, croire, espérer, penser, trouver, affirmer, dire, garantir, imaginer, etc. 2)être sûr / certain / convaincu / persuadé, etc. 3)il est sûr/ certain / évident, etc.	L'expert **ne garantit pas** que le tableau **soit** authentique. **Croyez-vous** que la situation politique **puisse** évoluer dans les mois à venir ? **Trouvez-vous** que cela vaille la peine d'aller voir cette exposition ?
* Je **ne crois pas** qu'elle viendra. 口语可用	Je **ne crois** pas qu'elle **vienne**.
* **Est-ce que vous croyez** qu'elle pourra venir dimanche ? 口语可用	

从句位置

主句后【通常情况】	主句前【表强调】从句用虚拟式
Tout le monde reconnaît que ce cinéaste est un grand artiste.	**Que** ce cinéaste sois un grand artiste, tout le monde le reconnaît.

动词含义

Le directeur **a dit** qu'il allait engager 4 hommes. 陈述	Dites à Julien qu'il soit là à 14 heures précises. 命令
Nous avons longtemps parlé et j'**ai compris** qu'il était dans une situation très difficile. (j'ai constaté)	Je **comprends** que vous **soyez** fatigués après ce long voyage. (je trouve normal)
Je suppose/j'imagine que le mariage de Georges et Julie aura lieu à la campagne. (je pense) 推测，猜想	**Supposez / imaginez** qu'il **pleuve** le jour du mariage ! Que fera-t-on ? (faites l'hypothèse) 假设
Le ministre **a expliqué** que la situation nécessitait des mesures exceptionnelles. (il a dit)	La violence de la tempête **explique** que le bateau **ait** fait naufrage. (fait comprendre)

虚拟式时态配合如下表。

虚拟式现在时	同时性	Il est content que vous soyez là. 　 sera content 　 serait content	Il était content que vous soyez là. 　a été content
	后时性	Il est content que vous veniez lundi prochain. 　 sera content 　 serait content	Il était content que vous veniez lundi prochain. 　a été content
虚拟式过去时	先时性	Elle regrette que tu aies oublié le rendez-vous. 　 regrettera 　 regretterait	Elle regrettait que tu aies oublié le rendez-vous. 　a regretté

3. 语法总结表

3.1 不规则动词变位表

直陈式现在时变位表

释义	不定式	je	tu	Il/elle	nous	vous	Ils/elles	过去分词
去*	aller	vais	vas	va	allons	allez	vont	allé
有	avoir	ai	as	a	avons	avez	ont	eu[y]
是	être	suis	es	est	sommes	êtes	sont	été
做	faire	fais	fais	fait	faisons	faites	font	fait
知道	savoir	sais	sais	sait	savons	savez	savent	su
喝	boire	bois	bois	boit	buvons	buvez	boivent	bu
收到	recevoir	reçois	reçois	reçoit	recevons	recevez	reçoivent	reçu
看见	voir	vois	vois	voit	voyons	voyez	voient	vu
应该	devoir	dois	dois	doit	devons	devez	doivent	dû
想	vouloir	veux	veux	veut	voulons	voulez	veulent	voulu
能够	pouvoir	peux	peux	peut	pouvons	pouvez	peuvent	pu
通知	prévenir	préviens	préviens	prévient	prévenons	prévenez	préviennent	prévenu
来*	venir	viens	viens	vient	venons	venez	viennent	venu
回来*	revenir	reviens	reviens	revient	revenons	revenez	reviennent	revenu
拿	prendre	prends	prends	prend	prenons	prenez	prennent	pris
学习	apprendre	apprends	apprends	apprend	apprenons	apprenez	apprennent	appris
明白	comprendre	comprends	comprends	comprend	comprenons	comprenez	comprennent	compris
卖	vendre	vends	vends	vend	vendons	vendez	vendent	vendu
等待	attendre	attends	attends	attend	attendons	attendez	attendent	attendu
听见	entendre	entends	entends	entend	entendons	entendez	entendent	entendu
还	rendre	rends	rends	rend	rendons	rendez	rendent	rendu
下来*	descendre	descends	descends	descend	descendons	descendez	descendent	descendu
重聚	rejoindre	rejoins	rejoins	rejoint	rejoignons	rejoignez	rejoignent	rejoint
浪费	perdre	perds	perds	perd	perdons	perdez	perdent	perdu
说	dire	dis	dis	dit	disons	dites	disent	dit

续表

读	lire	lis	lis	lit	lisons	lisez	lisent	lu
笑	rire	ris	ris	rit	rions	riez	rient	ri
生活	vivre	vis	vis	vit	vivons	vivez	vivent	vécu
认识	connaître	connais	connais	connaît	connaissons	connaissez	connaissent	connu
写	écrire	écris	écris	écrit	écrivons	écrivez	écrivent	écrit
放	mettre	mets	mets	met	mettons	mettez	mettent	mis
出发*	partir	pars	pars	part	partons	partez	partent	parti
驾驶	conduire	conduis	conduis	conduit	conduisons	conduisez	condusent	conduit
破坏	détruire	détruis	détruis	détruit	détruisons	détruisez	détruisent	détruit
显得	paraître	parais	parais	paraît	paraissons	paraissez	paraissent	paru
相信	croire	crois	crois	croit	croyons	croyez	croient	cru
睡觉	dormir	dors	dors	dort	dormons	dormez	dorment	dormi
打开	ouvrir	ouvre	ouvres	ouvre	ouvrons	ouvrez	ouvrent	ouvert
尝试	essayer	essaie	essaies	essaie	essayons	essayez	essaient	essayé
邮寄	envoyer	envoie	envoies	envoie	envoyons	envoyez	envoient	envoyé
清扫	nettoyer	nettoie	nettoies	nettoie	nettoyons	nettoyez	nettoient	nettoyé
付钱	payer	paie	paies	paie	payons	payez	paient	payé
吃	manger	mange	manges	mange	mangeons	mangez	mangent	mangé
改变	changer	change	changes	change	changeons	changez	changent	changé
游泳	nager	nage	nages	nage	nageons	nagez	nagent	nagé
更喜欢	préférer	préfère	préfères	préfère	préférons	préférez	préfèrent	préféré
应该	falloir			faut				fallu
下雨	pleuvoir			pleut				plu
第一组动词去掉-er	-e	-es	-e	-ons	-ez	-ent	-é
第二组动词去掉-ir	-is	-is	-it	-issons	-issez	-issent	-i

（标 * 的单词用 être 作助动词）

简单将来时特殊动词变位

释义	不定式	je	tu	Il/elle	nous	vous	Ils/elles
去	aller	irai	iras	ira	irons	irez	iront
有	avoir	aurai	auras	aura	aurons	aurez	auront
是	être	serai	seras	sera	serons	serez	seront
做	faire	ferai	feras	fera	ferons	ferez	feront
知道	savoir	saurai	sauras	saura	saurons	saurez	sauront
收到	recevoir	recevrai	recevras	recevra	recevrons	recevrez	recevront
看见	voir	verrai	verras	verra	verrons	verrez	verront
应该	devoir	devrai	devras	devra	devrons	devrez	devront
想	vouloir	voudrai	voudras	voudra	voudrons	voudrez	voudront
能够	pouvoir	pourrai	pourras	pourra	pourrons	pourrez	pourront
来	venir	viendrai	viendras	viendra	viendrons	viendrez	viendront
必须	falloir			faudra			
下雨	pleuvoir			pleuvra			
第一组动词-er	直接加上	-ai[e]	-as	-a	-ons	-ez	-ont
第二组动词-ir	直接加上	-ai	-as	-a	-ons	-ez	-ont

未完成过去时特殊动词变位

释义	不定式	Je	tu	Il/elle	nous	vous	Ils/elles
去	aller	allais	allais	allait	allions	alliez	allaient
有	avoir	avais	avais	avait	avions	aviez	avaient
是	être	étais	étais	était	étions	étiez	étaient
做	faire	faisais	faisais	faisait	faisions	faisiez	faisaient
知道	savoir	savais	savais	savait	savions	saviez	savaient
收到	recevoir	recevais	recevais	recevait	recevions	receviez	recevaient
看见	voir	voyais	voyais	voyait	voyions	voyiez	voyaient
应该	devoir	devais	devais	devait	devions	deviez	devaient
想	vouloir	voulais	voulais	voulait	voulions	vouliez	voulaient

续表

释义	不定式	Je	tu	Il/elle	nous	vous	Ils/elles
能够	pouvoir	pouvais	pouvais	pouvait	pouvions	pouviez	pouvaient
来	venir	venais	venais	venait	venions	veniez	venaient
必须	falloir			falloir			
下雨	pleuvoir			pleuvoir			
第一组动词-er，变成现在时第一人称复数，去掉-ons,再加		-ais	-ais	-ait	-ions	-iez	-aient
第二组动词-ir，变成现在时第一人称复数，去掉-ons,再加		-ais	-ais	-ait	-ions	-iez	-aient

条件式现在时动词变位

释义	不定式	Je	tu	Il/elle	nous	vous	Ils/elles
去	aller	irais	irais	irait	irions	iriez	iraient
有	avoir	aurais	aurais	aurait	aurions	auriez	auraient
是	être	serais	serais	serait	serions	seriez	seraient
做	faire	ferais	ferais	ferait	ferions	feriez	feraient
知道	savoir	saurais	saurais	saurait	saurions	sauriez	sauraient
收到	recevoir	recevrais	recevrais	recevrait	recevrions	recevriez	recevraient
看见	voir	verrais	verrais	verrait	verrions	verriez	verraient
应该	devoir	devrais	devrais	devrait	devrions	devriez	devraient
想	vouloir	voudrais	voudrais	voudrait	voudrions	voudriez	voudraient
能够	pouvoir	pourrais	pourrais	pourrait	pourrions	pourriez	pourraient
来	venir	viendrais	viendrais	viendrait	viendrions	viendriez	viendraient
必须	falloir			faudrait			
下雨	pleuvoir			pleuvrait			
条件式现在时由简单将来时的词根加下列词尾构成		-ais	-ais	-ait	-ions	-iez	-aient

3.2 时态对比汇总表

时态	定义	构成	用法	比较说明
直陈式现在时	发生在现在的动作或存在的状态。	①第一组规则动词：去掉原形动词的词尾-er，加下列词尾构成。 je: –e　　nous: –ons tu: –es　　vous: –ez il: –e　　ils: –ent elle: –e　　elles: –ent ②第二组规则动词：去掉原形动词的词尾-ir，加上词尾构成。 je: –is　　nous: –issons tu: –is　　vous: –issez il: –it　　ils: –issent elle: –it　　elles: –issent ③第三组不规则动词：详见表《常用第三组不规则动词变位表》。	①表示已经出现，且现在仍存在的状态。 Elle est à New York depuis 15 jours. 她到纽约两星期了。 Nous habitons ici depuis 10 ans. 我们住在这儿10年了。 ②表示一个人的性格、特性。 L'argent ne fait pas le bonheur. ③表示客观事实或普遍真理。 ④表示说话时正在发生的事情。 Il écoute de la musique. 他在听音乐。 Nous voyons un bon film. 我们在看一部好电影。 ⑤表示习惯或重复发生的动作。 Le samedi après-midi, je fais une promenade en forêt. Ma mère se lève toujours à six heures et demie. À paris, on prend toujours le métro. C'est pratique.	
直陈式最近将来时		动词aller的直陈式现在时＋动词的不定式（即原形动词）。	表示即将发生的动作。	

续表

时态	定义	构成	用法	比较说明
直陈式最近过去时	表示不久前刚发生的动作。	动词venir + de + 动词不定式。	表示刚刚发生或完成的动作。 Nous venons de render visite à un vieil ami. 我们刚拜访了一位老朋友。 Le train vient de partir quand il arrive à la gare. 他到达车站时，火车刚开走。 Ils viennent de nous annoncer cette nouvelle. 他们刚把这个消息告诉我们。	
直陈式复合过去时	表示过去发生的动作，或从现在角度看这已经完成的动作。它所表达的都是完成体的概念。	①动词avoir的直陈式现在时+动词过去分词。（用于所有的及物动词和大部分不及物动词） ②动词être的直陈式现在时+动词过去分词。（用于一小部分表示趋向、位置或状况变化的不及物动词和所有的代词式动词）	①表示过去已经完成了的动作。 ②表示过去一已经完成了的动作发生在多长时间内。	①以être作助动词的复合时态中，过去分词有性、数变化，应和主语的性、数一致。过去分词变成阴性时，一般在词末加e，变成复数时，在词末加s。 ②代词式动词过去分词的性、数要注意：如果自反代词是直接宾语，过去分词必须和自反代词的性、数配合；如果自反代词是间接宾语，则无须进行配合。
直陈式未完成过去时	用来表示过去所发生的事情，表示这件事情发生的起止时间不明确，在所谈到的时间内一直持续进行。	①直陈式现在时形式(nous)去掉词尾-ons，分别加以下词尾。 je: -ais nous: -ions tu: -ais vous: -iez il: -ait ils: -aient elle: -ait elles: -aient ②être的特殊变化。 je: étais nous: étions tu: étais vous: étiez il: était ils: étaient elle: était elles: étaient	①表示过去延续的动作或存在的状态。 ②表示过去习惯性或重复性的动作。 ③主从复合句中使用，表示过去同时发生的动作，其中一个动作正在进行（未完成过去时），另一个动作突然发生（复合过去时）。如果是两个过去正在进行的动作，则两个都用未完成过去时。	①结构上，未完成过去时是简单时态；复合过去时是复合时态。 ②时间上，未完成过去时表示重复发生的动作，复合过去时表示一次发生的动作；未完成过去时表示过去突然发生的动作，复合过去时描述或解释动作发生的背景，复合过去时用于动作本身。

·192· 3.语法总结表

续表

时态	定义	构成	用法	比较说明
简单将来时	用以表达将来发生的动作或状态。	①第一组和第二组动词在原形动词后直接加下列词尾。 je: -ai nous: -ons tu: -as vous: -ez il: -a ils: -ont elle: -a elles: -ont ②以-re结尾的第三组动词变成简单将来时时，要先去掉原形动词词尾的e，然后加上上述词尾。 ③大多数第三组动词变成简单将来时时，词根有变化，词尾仍使用上述词尾。	①基本作用是用于表达将来发生的动作或状态。 ②和最近将来时不同的是，简单将来时所表达的未来动作可以发生在较远的将来。 ③简单将来时可以替代直陈式现在时在较正式的书面语和口语中都有，用以表示命令、建议或要求。	
先将来时		由助动词avoir或être的简单将来时加动词的过去分词构成。	①先将来时是一个完成时态，用于表示在另一个将来动作发生之前已经完成的动作。 ②先将来时有时也可以用于独立句中使用，表示即将完成的动作。	在复合句中使用简单将来时和先将来时之间两个动作的先后关系，其目的是强调这两种关系，如不强调这两种关系，可以使用简单将来时。

续表

时态	定义	构成	用法	比较说明
过去将来时		过去将来时由动词简单将来时的词根加上未完成过去时的词尾。 avoir j': aurais　nous: aurions tu: aurais　vous: auriez il: aurait　ils: auraient elle:aurait　elles: auraient être je: serais　nous: serions tu: serais　vous: seriez il: serait　ils: seraient elle: serait　elles: seraient	①过去将来时主要用于补语从句。当主句动词为过去时态，从句动词表示在主句动作之后将要发生的动作时，使用过去将来时。 ②如果表示从"过去"角度看，即将发生的动作，可使用aller的未完成过去时+不定式动词的形式。	
愈过去时	表示"过去的过去"。	由助动词avoir或être的未完成过去时加动词的过去分词构成。	①主要表示在过去某时前已经发生或完成的动作。愈过去时一般和复合过去时之前完成的动作。 ②愈过去时所表示的动作发生在过去，并且在另一个过去的动作开始之前已经完成。因此，愈过去时往往是和表示过去动作的两种主要时态（复合过去时以及未完成过去时）结合在一起使用。 ③愈过去时还可以表示习惯性的、重复发生的动作。不过，这一动作也仍然是在过去某一时刻之前发生并已结束了的。	简单过去时与愈过去时比较： ①两种时态配合使用，愈过去时表示在简单过去时之前完成的动作。 ②简单过去时与愈过去时表示的时间先后概念一般连接不太紧密，因此，愈过去时表示过去紧密相连的两个动作。如果要使用先过去时。先过去时由助动词avoir和être的简单过去时加动词的过去分词构成，通常用在dès que..., aussitôt que..., à peine que...等短语引导的时间状语从句中。

续表

时态	定义	构成	用法	比较说明
简单过去时		简单过去时有三种不同的词尾构成。 第一组动词（包括aller）加以下词尾： je: –ai nous: –âmes tu: –as vous: –âtes il: –a ils: –èrent elle: –a elles: –èrent 第二组动词及部分第三组动词的词根加下列词尾： je: –is nous: –îmes tu: –is vous: –îtes il: –it ils: –irent elle: –it elles: –irent 第三组动词： je: –us nous: –ûmes tu: –us vous: –ûtes il: –ut ils: –urent elle: –ut elles: –urent	简单过去时表示过去某一确定时间内已经完成的动作，一般只用于书面语言，用来叙述历史事件、故事、传记等，通常只使用第三人称单复数。	简单过去时与复合过去时比较： ①简单过去时与复合过去时的用法基本相同，但简单过去时一般只用于书面语言，笔记中均能使用，复合过去时在口、笔语中均能使用。 ②简单过去时表示纯粹过去的事情或动作，与现在没有联系；复合过去时则表示过去的动作有时还和现在有联系。 简单过去时与未完成过去时比较： ①两种时态常常配合使用，简单过去时叙述主要动作的进行，未完成过去时描写故事背景、介绍情况等。 ②简单过去时表示短暂过去一次完成的动作，未完成过去时表示习惯性的、重复的动作。
条件式现在时		由简单将来时的词根加下列词尾构成，无例外： je: –ais nous: –ions tu: –ais vous: –iez il: –ait ils: –aient elle: –ait elles: –aient	①在独立句中使用，表示委婉的请求、建议或推测。 ②在主从复合句中使用，表示与现在事实相反的假设或可能发生的动作（但一般可能性较小）。主句和从句动词时态配合如下： 从句：si+直陈式未完成过去时 主句：条件式现在时 ③表示动作实现的可能性较大时，主句和从句的动词时态配合如下： 主句：直陈式简单将来时 从句：si+直陈式现在时	条件式只表示某一假设条件下，可能出现的结果，并不表示条件本身，因此条件式不能在以si引导的从句中使用。

3.2 时态对比汇总表 · 195 ·

续表

时态	定义	构成	用法	比较说明
条件式过去时		助动词avoir或être的条件式现在时＋动词的过去分词。	①表示设想、遗憾或婉惜等语气。②表示推测，即某事可能已发生，但确切与否尚待进一步证实。这一用法常见于新闻报道中。③在主从复合句中使用，表示过去未发生的动作，仅仅是一种假设。主句和从句实现的动作配合如下。从句：si＋愈过去时 主句：条件式过去时	①条件式过去时的用法与英语中表示过去情况的虚拟条件句相同。②条件式主句和从句时态的配合并不是固定不变的。③不要混淆条件式现在时的被动态和条件式主句的动态过去时。
虚拟式现在时		去掉动词直陈式现在时第三人称复数的词尾-ent，另加下列词尾（少数第三组动词变位特殊）： je: –e　nous: –ions tu: –es　vous: –iez il: –e　ils: –ent elle: –e　elles: –ent	法语虚拟式是带有主观色彩的语式，强调主观方面的态度，常常用于连词que引导的补语从句中。从句中的主句动词或动词组配从句中的主句动词或动词组。①在下列情况下，补语从句要用虚拟式：表示意愿：aimer（喜欢），demander（要求），desirer（希望），exiger（强求），souhaiter（祝愿），permettre（允许），vouloir（愿意），想），refuser（拒绝） 表示感情：être content（高兴），être satisfait（满意），être heureux（喜悦），avoir peur（害怕），regretter（遗憾），craindre（惧怕） 表示判断：il faut（应该），il est naturel（自然），il est important（重要），il est nécessaire（必要），il vaut mieux（最好），il est temps（适时），il est possible（可能），il semble（似乎），il est facile（容易），il suffit（只需） ②状语从句是否使用虚拟式，取决于引导从句的连词。下列连词引导的状语从句要用虚拟式：avant que在……之前，bien que虽然……，quoique尽管……，	当主、从句的主语相同时，一般不采用补语从句，而用动词不定式。

·196· 3.语法总结表

续表

时态	定义	构成	用法	比较说明
虚拟式现在时		去掉动词直陈式现在时第三人称复数的词尾-ent，另加下列词尾（少数第三组动词词变位特殊）： je: –e nous: –ions tu: –es vous: –iez il: –e ils: –ent elle: –e elles: –ent	sans que无须……, pour que为了……, afin que以便……, à condition que只要……, à moins que除非…… 下列连词引导的从句不使用虚拟式： après que……之后, parce que因为……, depuis que自从……, pendant que在……期间 ③关系从句是否用虚拟式，取决于先行词，如先行词所指的内容出于主观愿望或判断，从句要用虚拟式。 ④其他用法：虚拟式可在独立句中使用，表示祝愿或第三人称的命令式；有些动词在肯定式使用时，从句动词用直陈式，但在否定式或疑问式时，从句动词用虚拟式。	当主、从句的主语相同时，一般不采用补语从句，而用动词不定式。
虚拟式过去时		助动词avoir或être的虚拟式现在时加动词的过去分词。	虚拟式过去时与现在时的使用范围相同，但它表示说话时已经完成或在将来某一时间前要完成的动作。	
虚拟式愈过去时		构成： avoir（虚拟式未完成过去时）+过去分词 être（虚拟式未完成过去时）+过去分词	如果主句中用过去时态，从句谓语也可用虚拟式愈过去时。 ①在主句谓语完成前已经完成的动作。 On regretta qu'elle fût partie sans mot dire. ②表示过去时的将来时刻前已经完成的动作。 Il était impossible que Paul eût fini son travail avant son départ. Le moniteur demanda que ses élèves eussent surveillant fait la composition quand le général viendrait. ③虚拟式愈过去时属于文学语言，多用于第三人称；现代法语中，常用虚拟式过去时代替。 Jean était content que son oncle lui ait acheté (eût acheté) un ordinateur.	

续表

时态	定义	构成	用法	比较说明
命令式	命令式是一种语式，表示命令、请求或劝请。与直陈式或虚拟式相反，它是不完全的。命令式只有第二人称单数、复数和第一人称复数。（命令式现在时用que来引导）命令式包括两种时态：现在时（很常用）和过去时（较少用到）。过去时由助动词être和avoir的命令式现在时+动词的过去分词组成。	①绝大多数动词使用直陈式现在时的变位形式。donne donnons donnez ②少量动词使用虚拟式现在时的变位形式。Avoir: aie ayons ayez Être: Sois soyons soyez Savoir: Sache sachons sachez Vouloir: veuille veuillons veuillez	①命令式最基本的用法是表示命令。命令式是强制的，不容商量，语气通常比较生硬。Allez chercher la clé!去找钥匙！②命令式可以表示安慰和劝告，表示阻止、表示请求，表示鼓励和感召，表示在公共场合的提示和警示，可以与条件状语从句搭配使用。S'il vient demain, téléphonez-moi!他如果明天来，打电话给我！	①以-er结尾的动词和avoir, accueillir, couvrir, cueillir, ouvrir, offrir, savoir等动词以-es结尾的，正常情况下去掉称单数动词现在时变位第二人称s，但是在后面遇到谓语直接有关的y或en副词（en或y必须与谓语直接有关）时，为了发音方便，要保留s。②否定句中代词要置于动词前，肯定句中要置于动词后，并用连字符连接，且me改为moi, te改为toi。③命令式肯定句中，当me, te, le, la与副词相遇时要省音，构成m'en, t'en, l'en, l'y, t'y, l'y,但应避免这种情况。副词en和y不是与谓语有关的时，而是与后面动词不定式有关的成分相关时，不能省音。④其他一些地方也可以表示命令，包括直陈式现在时、直陈式简单将来时、虚拟式、动词不定式一些动词或词组等。
不定式	在句中起名词的作用，除了不能作谓语之外可以作句子中的任何成分。	原形	作主语：Implorer est inutile, il faut lutter. Mentir est honteux.	

续表

时态	定义	构成	用法	比较说明
不定式			作表语： L'amour, c'est donner ce qu'on a pas. Le propre du travail, c'est d'être forcé. 作宾语： J'aime lire.（直接宾语） Il apprend à nager.（间接宾语） 作补语： ①作名词补语，有的可以看成是动词短语的补语或固定结构的补语，一般用介词de引导，有时也用介词à引导。 Avoir le moyen de faire qch. C'est l'heure de faire qch. machine à laver（名词补语） ②作形容词的补语。 Il est fier d'avoir gagné.（形容词补语） ③作个别副词的补语。（副词补语） Il est loin d'être content. 作实质主语： Il est difficile à qn de faire qch. 作状语，置放在介词后： Mes élèves sont venus pour me voir. 作条件状语（由介词à引导，通常放于句首）： À courir après lui, je serais vite essoufflé. 如果追他，我会上气不接下气的。 独立使用表示提示性命令，如"要求""警示或提醒""成语"等： Agiter le flacon avant de s'en servir. 使用前要晃动瓶子。 Ne pas exposer à l'humidité. 切勿受潮。	

3.2 时态对比汇总表

续表

时态	定义	构成	用法	比较说明
不定式		现在时： 原形	不定式的动作与谓语动词的动作是同时的或在谓语动词之后。	
		过去时： 过去时助动词原形＋过去分词	不定式动作发生在谓语动词之前，过去分词应与不定式的实质施动者的性、数一致。 N'avoir presque rien mangé avant l'entraînement, j'ai failli tomber dans les pommes.	
		现在时否定： ne pas＋inf.		
		过去时否定： ne pas＋助动词avoir/être＋过去分词 n'avoir/être pas＋过去分词	Je regrette de ne pas être venu hier soir.	
		不定式从句是不需要连词引导的名词性从句，在句中作直接宾语。	变位动词主要有： écouter, entendre, voir... （感官动词） faire, laisser, envoyer, mener... Je fais taire tout le monde. savoir, croire, dire, reconnaître... （用在que引导的形容词性从句中） Voulez-vous lire ce roman que je sais vous intéresser？	
			当不定式从句中的主语也是主句谓语的直接宾语时，可以用直接宾语代词代替。 J'ai vu sortir du cinéma un groupe d'enfants. → Je les ai vu sortir du cinéma.	
			有时不定式从句中主语可以省略。 J'entends chanter la Marseillaise.	
			当不定式从句自带直接宾语（不定式动词直接及物）时，主语可由à或par引导，或保持不变。 J'écoute chanter la Marseillaise par les élèves. J'écoute chanter la Marseillaise aux élèves.＝Je leur écoute chanter la Marseillaise. J'écoute les élèves chanter la Marseillaise.＝Je les écoute chanter la Marseillaise.	

续表

时态	定义	构成	用法	比较说明
现在分词	①现在分词没有性、数的变化。②现在分词表示主动态。③现在分词只说明动作发生的时间与主要动词的时间同时，可表示现在，也可表示过去或将来。④现在分词具有动词特性，可以有宾语、表语、状语。⑤现在分词过去时（复合过去分词）用来表示在主要动词的动作之前已完成的动作。	现在分词的构成是动词的直陈式现在时复数第一人称去掉词尾-ons,加上-ant；现在分词过去时由助动词avoir或être的现在分词形式ayant, étant加上过去分词组成。	作定语，相当于形容词性从句。On cherche un interprète parlant français et anglais. (= qui parle français et anglais) 作主语的同位语，同时起状语的作用。Craignant d'être en retard, il s'est mis à courir. （原因）Ils se promènent dans le jardin, parlant et gesticulant. （方式） 构成独立分词从句（现在分词和主要动词的主语不是同一个）独立分词从句起状语的作用。La nécessité donnant de l'imagination, j'appelle un de mes fils... La pluie ne cessant pas, j'ai décidé de rester à la maison.	现在分词与副动词比较： ①主语不同。现在分词可以有自己的主语，副动词的主语只能是句子的主语。②充当句子成分不同。现在分词可以作同位语，同时起状语的作用。副动词一般只作状语，时间或条件状语。③都可作时间状语，表示"与……同时"，但现在分词修饰动词或名词，副动词修饰动词。④être和avoir一般只用现在分词形式。
副动词	副动词没有性、数变化。	由en加现在分词构成。	副动词是动词的副词形式，用作主要动词的状语。Mon ami me dit en souriant. （表同时）En refusant son invitation, vous l'avez vexé. （表原因）	现在分词与副动词比较： ①主语不同。现在分词可以有自己的主语，副动词的主语只能是句子的主语。②充当句子成分不同。现在分词可以作同位语，同时起状语的作用。副动词一般只作状语，时间或条件状语。③都可作时间状语，表示"与……同时"，但现在分词修饰动词或名词，副动词修饰动词。④être和avoir一般只用现在分词形式。

续表

时态	定义	构成	用法	比较说明
副动词			副动词表示主动态，施动者是主要动词的主语。Elle monta rapidement l'escalier en pensant à son père. (en pensant的主语就是monta的主语elle)	现在分词与副动词比较： ① 主语不同。现在分词可以有自己的主语，副动词的主语只能是句子的主语。 ② 充当句子成分不同。现在分词可以作同位语，同时起状语的作用，副动词一般作方式、时间或条件状语。 ③ 都可作时间状语，表示"与……同时"，但现在分词修饰动词或名词，副动词修饰动词。 ④ être和avoir一般只用现在分词形式。
			副动词动作发生的时间与主要动词同时，可表示现在、过去、将来。Il arrive/arriva/arrivera en criant	
			副动词具有动词的特性，可以带有宾语、状语等。En courant trop vite, il est tombé. (状语) Elle monta rapidement l'escalier en pensant à son père.	
			副动词前可以加tout以示强调。Tout en pensant à son père, elle monta rapidement l'escalier.	
过去分词		第一组动词将词尾er改为é；第二组动词将词尾ir改为i；不规则动词过去分词的词尾分别为i、u、s、t。	作形容词用。Par la porte entreouverte, on voit que la salle est occupée.	
			以avoir作助动词的及物动词的过去分词有被动意义。Je relis ma dictée déjà corrigée par le professeur.	
			Chaque écharpe, chaque ceinture ou chemisette vendue lui rapportait dix pour cent de commission.	
			以être作助动词的不及物动词，如venir, aller, naître, arriver, devenir等的过去分词有主动意义，表示比句子谓语动作先完成的动作。J'étais fier; je me sentais devenu une grande personne.	
			Arrivée en France, la jeune Marie s'inscrivit à la Sorbonne.	

续表

时态	定义	构成	用法	比较说明
过去分词		第一组动词将词尾er改为é；第二组动词将词尾ir改为i；不规则动词过去分词的词尾分别为i、u、s、t。	代动词的过去分词有主动意义，表示动作已先完成，有的自反代词se可省略不用。 Levés trop tôt, ils ont dû attendre leurs camarades pendent une heure entière. Il voit bondir une auto verte lancée à l'heure. (=qui s'était lancée)	
			过去分词可带有状语、施动者补语等。 L'ennemi, atteint d'une balle, s'affaissa. (施动者补语) Les camarades de Jean Coquelin, venus en masse, attendaient... (状语)	
			以avoir为助动词的不及物动词，其过去分词不能单独使用。 Ayant bien réussi dans ses études en France, il rentre plein d'espoir en Chine.	
			作定语。 Mme Sullerot s'adressa à la postière assise derrière le guichet.	
			作状语。 Jean Coquelin sauta à terre, suivi de Jacques et d'autres personnes.	
			构成独立分词从句。 Je vous avertirai le moment venu.	

3.2 时态对比汇总表

时态总结表

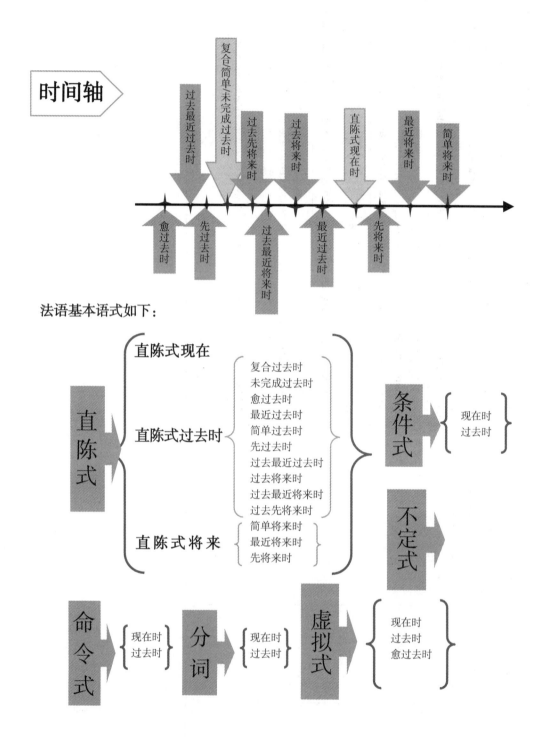